アイ・ガッチャ

I Got You

――振り返った、あめりか――

田靡　和

明窓出版

目次

はじめに……6
プロローグ……7
Episode1 何もかもがLサイズ……8
Episode2 NY着任……12
Episode3 自分のことは自分で……18
Episode4 話しかけないで……23
Episode5 不思議な支払い……37
Episode6 ドライバーズ・ライセンス……41
Episode7 駐車場(1)……45
駐車場(2)……52
駐車場(3)……53
Episode8 Ceremony(1)……56
Episode9 時差ぼけ一発解消法……62

Episode10 自然の脅威……71
Episode11 郷に入れば郷に従え……78
Episode12 魅惑のバニー・ガール……84
Episode13 去る者は追わず……88
Episode14 お客様はカミサマ……98
Episode15 Ceremony（2）……105
Episode16 列車は停まった……109
Episode17 NYは渋滞中……116
（附録）……124
Episode18 いらっしゃーいNY……127
Episode19 サンタ・バーバラ……135
Episode20 定期健康診断……140
Episode21 出張……143
Episode22 現実は映画よりスゴイ（事実は小説より奇なり的タイトル）
Part1……152

Part2……161
Part3……162
Part4……164
Episode23　暴動……167
Episode24　インタビュー……175
Episode25　Ceremony（3）……178
Episode26　熱波……186
Episode27　地ビール……190
Episode28　アーミッシュ……202
Episode29　The House on The Waterfall……212
Episode30　不幸中の幸い……217
Episode31　自ビール……228
Episode32　忘れた……233
Episode33　いよいよ帰国……245
エピローグ……248

はじめに

もう八年にもなる、アメリカから帰国して。

古い話を今さらと私自身思わないでもないが、やはり異国の地で経験したことを何かの形で残したかったのかもしれない。そして、どうせ残すなら少しでも何かの役に立てればと思い立ち、本稿を進めることにした。

勢い勇んで構想を練り、書き始めたものの、資料と共にあれやこれやと小生の武勇伝（?）が思い起こされてきた。また、当時は気づかなかったことに「へーえ、そうだったのか」と今改めて感心し、今だからこそ書けることにも気づくことになった。

だが、それらを活字にすることがどれほどのエネルギーを必要とするかを、思い知らされることにもなってしまった。

とは言え、先をお読みいただいて貴方なりに何かを感じていただければ、苦労の甲斐があったものと……。

いやいや、そんなことよりまずは稿を進めることにしよう。

プロローグ

「今度、ニューヨークへ行ってもらうから」

この一言から『海外赴任』がはじまった。

だいたい、海外駐在は個人の希望により今まで決められてきた人事異動であった。だが、私は、一度も希望を出したことはない。しかし、上司からの電話は確かにそう聞こえた。私が地方の営業所に単身赴任で飛ばされたのも、前部長との個人的な感情の行き違いからだった。

そして、今度の部長もまた一方的にアメリカ駐在を決めてしまった。

「何故なんだ。私にはそのつもりも、予定もない」

だが、事は私の知らぬところで万事進んでいて、本社決済まで下りていた。

これが一因となってそれからの半年間で私は家族と総ての財産を失い、会社から一五〇万円の借金をして、裸一貫で太平洋を渡ることになってしまった。

さて、これまでに旅行記や「地球の歩き方」などといった本や文献が数多く出版され、情報が氾濫しているために、知識や見聞は皆さんの方が私より遥かに多いのかもしれない。

しかし、これまでに中途半端な期間、社内研修にはじまり、出張、視察、赴任そして旅行と様々な形でアメリカを訪れた私。この異文化に触れて、時にはカルチャーショック、時には目から鱗といった生活からのノン・フィクション（つまり、実録もの）として、素直に先を読んで戴ければ、これから旅行や留学などの目的で渡米をお考えの貴方には、ほんの少しではあるがお役に立てるかもしれない。

私が生まれて初めて行った外国、アメリカ合衆国。初めてのアメリカは海外赴任に先立つ、十年前。今より数段に感性が豊かな二八歳の時であった。

Episode1　何もかもがLサイズ

『日本生産性本部』が主催する『米国西海岸視察』に会社の代表として選出され、参加した、研修のための渡米。研修といっても小売業の視察を中心とするもので、これが生まれて初めての海外旅行でもあった。その時のアメリカの空気は、今でも身体のどこかに鮮明に留まっている。それは、ロス・アンジェルス国際空港に降り立った時のことであった。

今、思い返すとやはり興奮していたのだろうか。添乗員が荷物を集める間、早く外の空気に触れてみたくなり、一人、到着ロビーから表へ出てみることにした。パチッと乾いた空気を胸いっぱいに吸って、眩しい太陽を見上げるとそれはやはり日本で見る太陽とは全然違うものに見えた。

九〇人分の荷物が揃うまでの間、ロビーを見回していると肌や髪の毛の色が違う、ヒト、ひと、人。横も縦も大柄な人たちが目の前を行き来するのを見ているうちに、外国へ来たのだと段々、実感が湧いてきたものである。

『ロス・アンジェルス』(Los Angeles)という街は、一七八一年にスペイン人のネベ総督がメキシコから開拓民を率いて、現在のダウンタウンにあたる『オルベラ街』を中心に小さな村を建設したのが起こりと言われている。ニューヨーク(以降、NY)とは、対照的に徹底した自動車社会として発達してきた土地でもある。因みに『パサディナ・フリーウェイ』が最初の高速道路として、一九四〇年代にはすでに完成していた街でもある。

全員の荷物がバスに積み込まれると私たち一行は、その足でショッピング・センターの視察に出かけることになった。着いたショッピング・センターには、建物の数倍の駐車場と、その横には飛行場まであることに驚いてしまった。セスナ機で来る買物客がいるということを添乗員に教えられ、日本とはスケールの大きさが比べ物にならないことに目を丸くしたものである。

バスを降りる時、添乗員が大きな建物を二つ指差して目印として覚えておくようにしつこく注意していた。広大なショッピング・モールなので、目印を間違えるとバスには二度と戻ってこれないらしい。

私たちはさっそく視察に出かけることにした。

とは言うものの、乾いた空気に喉はカラカラ。他の連中も思いは同じであった。

「生水は絶対に飲まないように」

そう添乗員に教えられていた私たちはとりあえず、ジュースの飲めるところを探すことから視察（?）をはじめることにした。

だだっ広いショッピング・センターの中で、やっとジュース・バーらしきカウンターに辿り着くと、片言の英語どころかほとんど日本語でジュースを注文する（メニューを指差して、一言「プリーズ」とだけ）。日本に比べると値段が格段に安い。喉の渇きを満足させるにはSサイズぐらいでは足りないと思った私たちは、Lサイズを注文することにした。

ところがである。目の前に出されたLサイズなるものは日本のそれとは大違い、まるで小型のバケツのようなものが出てきてしまった。私たちはお互いに顔を見合わせながらも、驚きは一瞬のこと、体は渇きを潤すことの方が先のようだった。そのファースト・フード店は日本でもお馴染みのはずだが、空気が違うせいか同じ味とは思えないほど私たちの喉を唸らせたものである。

しかし、飲んでも飲んでも一向に減らないLサイズには途中でギブ・アップし、半分以上は棄ててしまった。喉の渇きも落ち着いたところで、改めて視察をはじめることにした。現在では日本にも数多くのショッピング・モールができ、そう珍しくもなくなっているが、当時ではアメリカにも『シネマ・コンプレックス』すらない時代であった。

百貨店を核店舗とし広大な敷地に数店を配し、専門店を集めた形のショッピング・センターに圧倒される思いだった。それも低層の建物で構成された広い敷地である。パブリック・スペースには、至る所に噴水やベンチがある。そして、フード・コートなるものにまたまた目を丸くしてしまった。最初の研修地にも拘わらず、もうおのぼりさん状態。カメラを向けては、警備員に撮影禁止の注意を受けまくってしまった。

建物の半分も廻らないうちに集合時間が迫ってきた。仕方なく踵を返し、目印の建物を探しながら戻りかけた時である。先ほど喉を潤してくれた、冷えたLサイズが突然おなかの中で、まるでウルトラマンの赤い点滅信号のように鳴り出した。私は同僚に先に行ってもらって近くの『シアーズ百貨店』に戻ることにした。

脂汗を流しながら、片言の英語でトイレの場所を聞く。聞かれた店員は、きっと私が何を言ったか良く分らなかったと思うが、悲壮な表情から察したのか、階段を降りた所にあることを教えてくれた。助かった、いや、間に合ったと思い彼が指差す方に急ぎ足で向かう。アメリカでは、デパートといえども客用トイレなどなく、その数も少ない。胸（腹）の点滅信号は速度を増してくる。今思うと、私はその時きっと背筋を伸ばして、きちん（？）とした姿勢で歩いていなかったと思う（切羽詰った経験のある方は容易にご想像できる筈である）。

やっとの思いでそれらしき場所に辿り着いた。が、中を見て愕然としてしまった。どのブースにも扉らしきものがないではないか。奥まで覗いて見たが結果は同じであった。私は更に身の引き締まる（？）思いであったが、「背に腹は帰られない」と、思い切って一番奥のブースに入ることにした。危機一髪とは正にこういうことを言うのだろう。しかし、初体験の緊張感は、遥かに腹痛をも凌いでいたように思う。防犯上パブリックのトイレに扉を付けないことは、今では当り前に知っていることである。

もちろん、私のせいでバスが出発の時間を大幅に遅れたことは言うまでもない。

Episode2　NY着任

今回私は、身体ひとつでニューヨークに降り立つことになった。ニューヨークを訪れるのは、三回目である。過去二回については、後ほどのエピソードで語ることにして、三回目ともなればすでに気分はニューヨーカー。『NYかぶれ』になることにしよう。

ところが、そんな気楽なことも言ってはいられなかった。『海外赴任』という形で、生活をしなければならない私にとって、すべてが『はじめてNY』の始まりである。

十一月の半ばとは思えないような暖かい日差し（実は、インディアン・サマーだったのである）の中、飛行機はJFK国際空港のメイン滑走路に着地した。NYの第三の空港（第一はクィーンズ区のラ・ガーディア空港、第二はニュージャージー州のニュー・アーク空港）として、一九四八年に開港。面積は、一九九五ヘクタールもあり、五本の滑走路と九棟から成る旅客ターミナルを有する空港である。マンハッタンからは南東へ二一㎞のところに位置し、成田空港などとは比べ物にならないものがある。

私は、飛行機を降り立つと入国審査の列に並んだ。朝が早いせいか、それとも到着の時間帯に余裕があったのか、通関にはそれほど長い列はない。違法な物を持ち込むわけでもないのだが、やはり少しの緊張を覚える。過去の訪米の時と同じようにすんなりとスタンプを押してくれると思ったが、今日の係官はパスポートをじっくりと見ている。

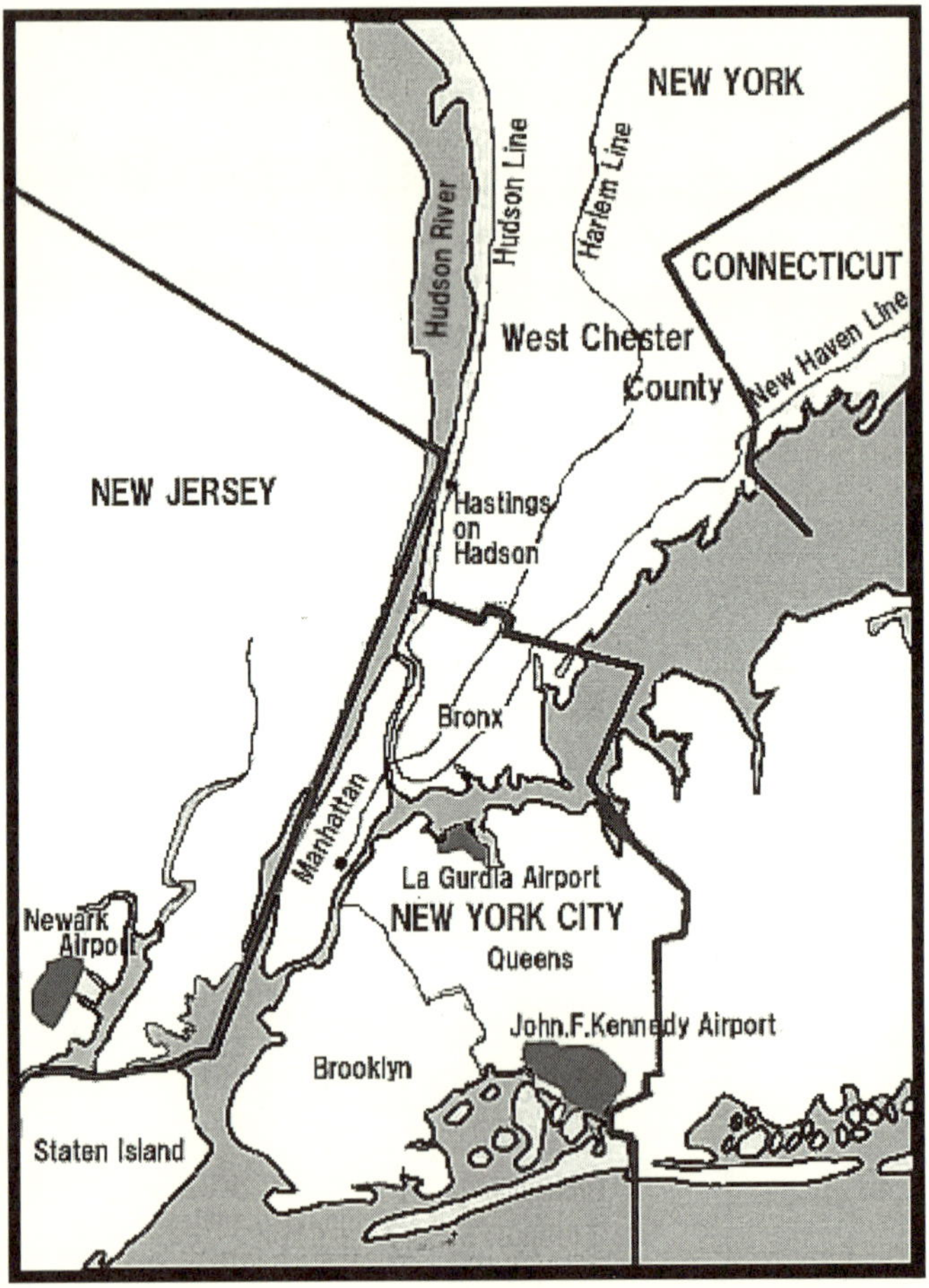
NEW YORK
Hudson River
Hudson Line
Harlem Line
CONNECTICUT
West Chester
County
New Haven Line
NEW JERSEY
Hastings
on
Hadson
Bronx
Manhattan
La Gurdia Airport
NEW YORK CITY
Queens
Newark
Airport
John.F.Kennedy Airport
Brooklyn
Staten Island

ＮＹ地図

英語がろくに喋れない、と言うより希望もしない海外赴任にまったく勉強する時間もなく渡米した私に対し、入国審査官は根掘り葉掘り質問をしだした。が、まるでチンプンカンプン。審査窓口でガラス板を挟んで暫しの睨めっこ、額に汗をかきながらも時差ボケの頭で懸命に単語の羅列で答える私。海外研修で来た時の通関とはちょっと違う。

「窓口があまり混んでないから、こいつは暇つぶしに時間をかけているな」

などと心中で陰口をたたく私。

　後で考えれば何てことはない。過去二回は、米国で収入を得ることもない、ただの『観光ビザ』（観光ビザB2は、一九八八年十二月に廃止され、短期の観光の場合、現在ではビザなしで入国できる）で入国したが、今回は『E1ビザ』で審査を受けたためであった（E1 VISA＝通商条約に基づき、貿易に関与している企業の駐在員とその家族に与えられるもので有効期間は五年。ただし、入国時には一年間分しか下りないため、その都度外国に出て延長手続きをして更新する。しかし、一九九六年九月三十日に当時のクリントン大統領が署名した、不法移民改正法案から、現在では本国での更新が義務付けられるようになった）。

　やっとの思いで入国を許可されると、勝手知ったる（？）マンハッタンへ一路。前回の研修旅行から一年が経っていた。

私が事務所へ顔を出し、一通りの挨拶を済ませるとちょうど昼休みである。時差ボケと機内食であまり食欲がないにも拘らず、みんなと一緒に昼食を付き合うことにした。

マンハッタンには、当時日本食レストランが一ブロックに一軒あると言われていた。事務所の連中は当然のように日本食へ向かう。こういう時の日本食は実に便利なものである。ざる蕎麦などは、あまり食欲がない時にちょうど良い。

昼食が終わると、これから住むアパートを見つけるまでの間、投宿することになるホテルへチェックインに行く。

NYで収入を得て生活をする場合、最初にする手続きは『社会保障番号』(Social Security)の登録である。荷物を置くとさっそく、登録に向かう。そのオフィスには、色んな国の人たちが来ていて、聞いたこともない言葉を耳にすることになる。待つこと二十分で手続きを済ませると、親切

社会保険カード

そうな黒人のおばさん係官から青地のカードサイズの紙切れを渡される。この一枚のカードがそれほどまでに大切だということは、この時点ではあまり実感がなかった。

次に、パーク街にある日本総領事館を訪れ、在留届を行う。厚さ二〇㎜ほどの透明の防弾板で仕切られたカウンターで、小さな穴を通して書類のやり取りが行われる。まるでパチンコの景品交換所のようだ（おっと、これは日本政府に対して失礼か）。外務省からの出向職員か、現地採用のローカル職員かは知るところではないが、日本人同士というのに非常に事務的で冷淡な対応に失望を禁じえない。日本語で手続きができるというのに、何とも心細い思いをする。

夕方、ホテルへ戻りトランクから最小限の荷物を解く。単なる旅行ならまだまだ夜のマンハッタンへ繰り出すところだが、今日からここＮＹで生活をするとなると、その基盤を速く作らなければならない。簡単な歓迎の食事会の後、二次会は遠慮してきた。

「これから先は、長いのだ」

と自分に言い聞かせ、帰り途に買ってきたバド・ワイザーを開けて一息つく。部屋をよくよく見回すと壁のペンキは剥げ落ち、部屋の隅をゴキブリが這っているではないか。こちらのゴキブリは日本のように大きくはないがゴキブリはゴキブリである。この部屋は日本のビジネスホテルのようにベッドだけで一杯になる狭さと比べて天井も高く、浴室もユニットではなくタイル貼りである。が、反ってそれらが寒々しく思えてくる。

「確かに一泊$65.00の安ホテルでは仕方ないか」

半年前の上司の一言にはじまり、その後父の交通事故、弁護士を雇っての協議離婚に財産の整理、そして業務引継ぎに渡米準備と限られた時間の中で、やっと荷物を出し終わって売り払ったマンションの鍵を封筒に入れて投函し、成田に向かった。

身体ひとつで日本を離れて二六時間後のことである。

Episode3　自分のことは自分で

ホテルでのゴキブリとの共同生活を一日でも早く脱出するために、私は着任翌日から仕事の合間を縫ってアパート探しをはじめることにした。

一般的に会社の辞令により転勤を命じられ、見知らぬ土地へ赴任した場合などは、会社側で社宅やアパートなど候補を見つけておいてくれるなり、不動産屋を紹介してくれるのが日本企業だと思っていた。

そこで上司に聞いてみた。

「ところでアパートの方は、幾つか候補が見つかりましたか？」

尋ねる私に黙って渡されたのが、『イエローページ』と呼ばれる電話帳であった。自分の住むところは自分で探せということらしい。

「何とも冷たいことか」

右も左も分らないニューヨーカー（？）の私は、途方にくれる思いであった。しかし、感傷に浸ってはいられない。あのゴキブリと決別するためにも意を決して行動を起こさなければならないのだ。

マンハッタンには、色々な日本企業が進出しているがその一つに最大手の書店もあった。昼休みに渡されたイエローページを事務所に残したまま、ロックフェラー・プラザにあるその書店に行くことにした。

扉を開けて中に入ると、そこには正しく日本の本屋があった。中に入ると何故かホッとするのは私だけだろうか。とにかく雑誌から新刊まで、ありとあらゆる書籍が置かれている。雑誌の立ち読みにふけっている人も結構いる。日本を離れてまだ数日しか経っていない私だが、暫くは帰国することができないと思うと、やはり異国の地で出会う日本文化には懐かしさ（？）を覚えてしまう。

雑誌の棚に寄ってみると、週刊誌では二、三週間遅れているものがほとんどだが、中には日本と同時発売されているものもある。価格は、日本の売価の『¥』マークが『$』に置き換えられて売られているものがほとんどである。つまり、当時では一ドル＝一八五円の頃であったから約二倍になる計算である。

私は、ここで『ニューヨーク便利帳』なるものを買うことにした。これは、日本人がNYで生活していく上であらゆる面から必要な知識、ノウハウなどが掲載された、いわゆる『便利本』（当時、$45.00）である。

さっそく、事務所へ持ち帰りマンハッタンにある小さな不動産屋へ電話をしてみることにした。もちろん日本名の不動産屋である。受話器からは、日本の呼出し音とは違う独特の音が聞こえてくる。英語がほとんどできない私は「Hello」と切り出すか、「もしもし」と言うか、ドキドキしながら待った。

「もしもし、コダマ不動産です」

と、受話器から日本語が答える。が人間、緊張すると聞こえてくるものも聞こえてこなくなるのか、一瞬私は「Hello」と言いかけた。実に情けなく、お恥ずかしい話である。しかし、日本語となればしめたもので、事情を説明しこちらの希望などを伝えると、翌朝十時に来るように言われた。

翌日、六番街と五七丁目の角にあるビルの七階の事務所を訪ねた。古めかしいレンガ造りのビルは、外装工事をやっているのか歩道の上に足場が組まれその脇を潜って回転ドアを通る。比較的天井の高いエレベーターホールが多いマンハッタンにあって、このビルのホールは天井が低く何となく薄暗い。それでも人の出入りが多いのに少し安心してエレベーターに乗り込む。

ドアをノックし中を覗くと、お袋より少し若いぐらいの優しそうな日本女性が一人、笑顔で迎えてくれた。五つほどの物件を見られるように手配をしてくれていたので、さっそく見に行くことにする。

表へ出ると彼女は馴れた足取りで、まず西へ行く市バスに乗り込む。マンハッタンの移動はバスが便利であることを教えてもらう。

主要な通りを走るバスは、地下鉄で行けない部分をカバーしている。マンハッタン名物の交通渋滞によって時間が読みにくい欠点はあるが、利用次第では非常に便利である。

バスは、南北に走るアベニュー（街）なら二、三ブロック毎、東西に走るストリート（通）なら一ブロック毎にある、青い標識のバス停で乗れるらしい。マンハッタンはほとんどが一方通行なので、進行方向をよく確かめてから道路の右側のバス停を探すこと。車内アナウンスはないので、自分の降りたい場所に近づいたら、ちゃんと車外の様子に気を配っていないと降り損なう。降りるときは窓に付いている黒いゴムのベルトを押して知らせるが、慣れないうちは意外に判らないものらしい。注意をしてみると確かにちゃんと表示してあった。

特に便利なのは、途中下車をしても一回は無料で乗り換えができることである。バスに乗り込む際に、運転手から『トランスファー・チケット』なるものをもらえば、次の乗り換えバスにそのチケットで乗ることができる。ただし、こちらからきちんと意思表示をしなければくれないとのこと。

そのトランスファー・チケットを使って、南へ行くバスに乗り換える。最初に連れて行かれた場所は、都市再開発で新しくできたばかりのアパート群。オフィス棟の地階には映画館やショッピング街もあり、アパート居住者専用のプールまである。もちろんアパートへ入るためには、オートロックにドアボーイを兼ねたセキュリティーのチェックを受けなければならない。まるでホテルのような建物だった。1ベッドルーム（日本でいう、1LDK）ではあるが私が提示した家賃にもぴったしであった。部屋の広さも日本の1LDKの比ではない。おまけにバス・ルームには窓があり、そこからペドロゥ島で二一・七mの台座の上に建つ、身長四一・六mの『自由の女神』が遠くに見えるではないか。最初からいきなりこういった物件を見せられると、後はどうでもよくなるところだが建っている場所があまりにも良すぎた場所（？）だった。タイムズ・スクェアにも程近いのだが、十番街と十一番街の再開発地域。

実は、初めてＮＹを訪れたときに聞かされたことがある。

「決してひとりでは、八番街から西には行かないように」だった。確かに西に向かって歩いていると八番街を過ぎる頃から急に、白人が極端に少なくなってしまう。

後ろ髪を引かれる思いではあったが、次の物件を見せてもらうことにした。

Episode4　話しかけないで

私が住むことになった『ヘイスティングス』（Hastings on Hudson）という町は、マンハッタンから約四〇km程北へ行ったハドソン川沿いにある小さな町である。町と言っても正式には名前の下に『ヴィレッジ』とあるから村ということになるらしい。

アパートは、駅から二、三分歩いた場所だが西側の駐車場の向こうには、駅のホームが真下に見える。赤レンガ造りで七十世帯ほどのアパートに居を構えることとなった。

実は、以前の長期出張でマンハッタンに四ヶ月ほどアパートを借りたことがある。マンハッタンに住んでいると言えば聞こえも良いし、便利でもあるのは解ってもいた。しかし、その時にこの地域に住んでいた同僚のアパートに泊まったことがあり、目の前を流れる川の広々とした景色に忘れがたいものがあったのだ。

この川は、マンハッタンの西側を流れる『ハドソン川』（Hudson River）の上流になる。ニューヨークの歴史の中でも重要な役割を果たしてきた川でもある。

上流二四〇㎞には、NY州の州都である『オルバニー』（Albany）がある。何故そんな内陸に州都ができたのか？　と言うと、一六〇九年オランダに雇われたイギリス人のヘン

アパートのベランダから臨んだハドソン川
対岸の岩肌がヴューポイントになっている

リー・ハドソンが延々二四〇㎞も遡って探検をし、先住民族のインディアンと交易を開いたのである。これで川の名前の由来もお解りいただけると思うがその後、一六二一年にオランダ人が西インド会社というものを設立し、三年後に『フォート・オレンジ』という名前の町を建設したのである。これが後の州都、オルバニーになったと記されている。日本では、徳川幕府創設期にあたる時代であった。

また、その途中には『West Point』という所がある。川幅が狭くなるところであるが一七七八年の独立戦争中に、イギリス艦隊の侵入を阻止するためにハドソン川の地の利を利用して横断する堡塁《ほうるい》を構築し、撃退したところである。それ以来、この地は軍の駐留地となり、一八〇二年に『アメリカ合衆国陸軍士官学校』が設立され、現在に至っている。後に訪ねてみたが当時の面影を残すような石積みの城壁や校舎が多い。

更にハドソン川には、たくさんのゲレンデを持つ『キャッツキル山脈』や『ホワイト山脈』などの雄大な景観と自然を有する上流があり、一九世紀には川の風景画を描いた『ハドソン・リバー派』も育てることになった。

さて、話を戻すことにしよう。マンハッタンのコダマ不動産には、その後四つもの物件を見せていただき、またこのウェスト・チェスター地区でも二つの不動産屋に親切にしてもらった。

だが、このハドソン川が窓の向こうに広がる景色が、決め手となってしまった。もちろん、この地区でも新しい物件を見せていただいたが、この古いアパート（築六十年だがこちらでは比較的新しい方に入る）ながらベランダからの景色は他の何物にも代え難いものがあった。

部屋は1ベッドルームでこぢんまりとした雰囲気である。しかし、部屋の広さはおよそ二五坪ほどもあり、その上ベランダは部屋の幅と同じ八ｍで、一・八ｍも突き出した広さである。日本の家屋がウサギ小屋といわれても仕方ないような気がする。家賃は、景色が良い部屋というこどもあり$1200.00だったが、会社から支給される住宅手当内に納めるために、不動産屋を通して$50.00安くしてもらった。

部屋には、毛足の長いアクリルの白いカーペットが敷き込まれている。壁もクローゼットの扉もすべて白ペンキで塗られている。こちらでは昔から塗装が文化として発達しているのでなにもかもペンキで塗りたくればよいと思っている節がある。部屋の中をよくよく見回すと、コンセントもスイッチ類も壁と同じペンキで塗装されている。日本では信じられないことだが部屋の住人が入れ代わる度にリフォームとして安易に塗っているようだ。お陰でペンキの塊でスイッチが動かなくなっているところもあった。

照明器具は、リビングとベッド・ルーム以外は、シーリング・ライトが付いている。こちら

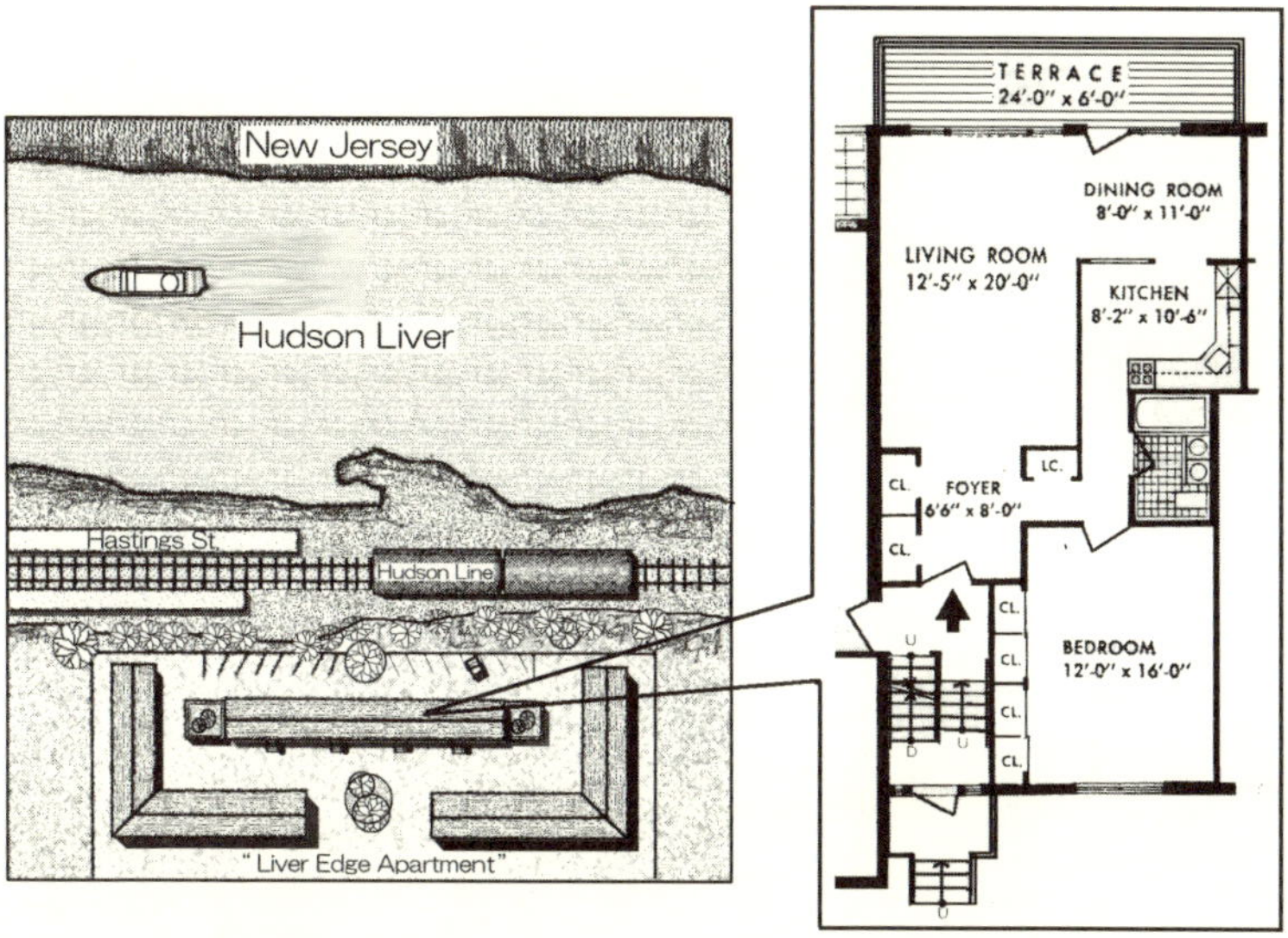

三年間過ごすことになった、ヘイスティングスのアパート

では珍しいことである。ただし、蛍光灯は一つもないので日本人には少し暗く感じるかもしれない。照明器具が付いていない部屋は、コンセント・スイッチになっているのでフロアー・スタンドやテーブル・ランプを後でつけることにした。

キッチンの設備は、大きく深いシンクのキャビネットに吊戸棚、それに大きなＧＥ製の冷凍冷蔵庫が備わり、少し古いが大型のオーブンと一体型になったガス台は四口もある。流し台の高さは、日本の新ＪＩＳ規格よりも高くて自然の姿勢で調理ができ使い易そうである。

ベランダからは、駐車場を見下ろすことができ、その向こうにハドソン川が大きく広がる。対岸は、ニュージャージー州になり、小高く切り立った岸壁（昔あった地滑りにより洗濯板のような岩肌が見える）へと繋がる。ベランダから少し乗り出すと遠くにマンハッタンのランドマークである、エンパイア・ステート・ビルを望むこともできた。後にこの景色は気持ちを癒してくれることとなり、夏でも冬でも風呂上がりにここで缶ビールを飲むことが日課となってしまった。アパートの各棟毎にボイラー室があり、セントラル・ヒーティング方式による暖房設備がある。そのため、バス・ルームにまでスチーム暖房があるので、冬でも寒くなく、部屋の中では半袖で充分。火照った体にベランダでのビールが欠かせないことになるのである。もちろん、スチームのために水道代とガス代は家賃にIncludeになっていて、電気代のみCon Edisonから請求がくる。ただし、暖房のコントロールは各戸でできず、摂氏十一度にならないとスチームは入らない。

日本では一般的に駅に近くて便利な方が住宅は高くなるものだが、こちらでは駅からより離れている方が価格は高くなる。プライバシーを重要視し、かつ土地が大きく手に入るからのようである。通勤や買い物などは車で行き来すれば済むことであり、駅前には通勤者用の駐車場（駅によって若干異なるがだいたい月平均$50.00ぐらいですむ）があるなど、村といってもきちんと整備されている。

NYは、全米の中でも例外的に鉄道依存率が高く、長距離、通勤、地下鉄といった鉄道が早くから発達してきた。そこで近郊のベッド・タウンでは、自宅から最寄りの駅まで車で行き、そこから鉄道を利用してマンハッタンへ通勤する『パーク&ライド方式』が盛んになったのである。

このヘイスティングス・ヴィレッジは、村といってもアパートの隣にある警察署は裁判所と一緒に図書館もあるような小さなベッド・タウンである。メイン・ストリートは、アパートから一ブロックの所にあり、その中程に立って左右を見渡すと通りの端から端までが見渡せてしまう小さな町である。この四〇〇m程のメイン・ストリートには、ガソリンスタンドにクリーニング店、酒屋にテイクアウト専門のチャイニーズフード（引っ越してから暫くは毎日お世話になっていた）がそれぞれ二軒ずつ、その他、電器店、銀行、雑貨屋、食料品店、スーパーマーケットに外車販売店、レンタル・ビデオ店といった店が一通り軒を並べていて、生活には事欠かなかった。

もちろん、レストランや居酒屋も四軒あり、金曜日の夜や日曜日のブランチなど、結構賑わっている。

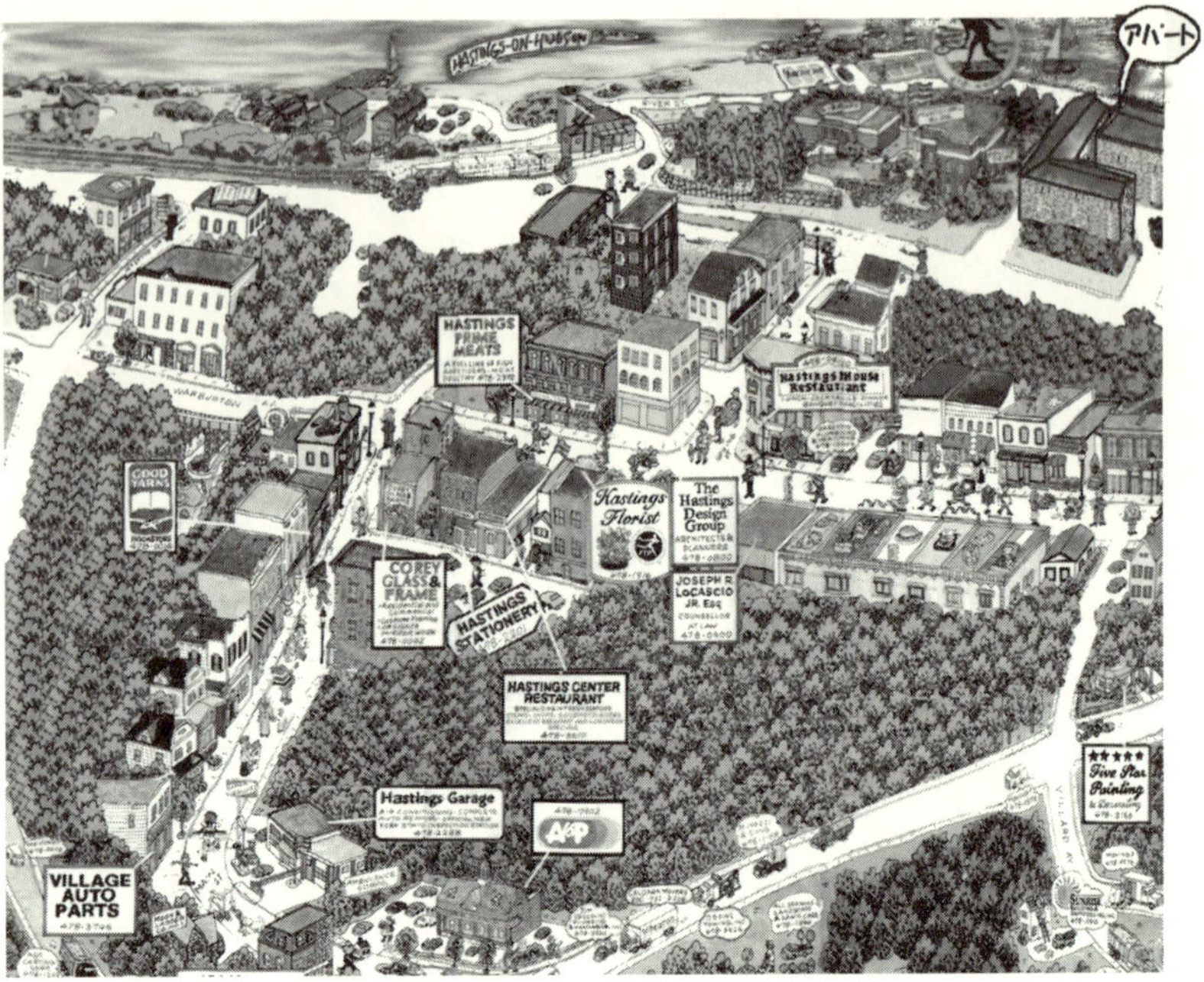

HASTINGS-ON-HUDSON　NY-91 イラストマップより(HERITAGE MARKETING GROUP INC.)

緑に囲まれた小さなヘイスティングス

英語が喋れない私だが、とにかく決めてしまった以上、この町で暮らしていかなければならない。これからはここで食料品を買い、クリーニング店には、衣替えの時期に大量の衣類を出さなければならない。

「何とかなるか」

そう思ってはみるものの喋れないが先にくると、なかなか難しいものがあった。とりあえず毎日必要なものは食料品である。そこで私は考えた。スーパーマーケットなら、自分で必要なものをカートに入れ、レジへ持って行けば別に英語が喋れなくても事は足りる。これで餓死することだけは避けられそうである。

さっそく週末にいざスーパーへ。まだ、車を購入していない私は歩いて行くことにした。森に囲まれた小さな町は、あちらこちらから鳥の囀りが聞こえてくる。坂の上にある町外れの『A&P』というスーパーへ行ってみることにした。

この『A&P』（グレート・アトランティック・アンド・パシフィック・ティー）は、全米小売業界の中でも上位を占めるチェーン・ストアである。一八五九年にNYで創業した小売店の老舗でもある。チェーン・ストアの先駆けとして、一九六四年にシアーズ・ローバック社に抜かれるまでは世界最大の小売業として名を馳せたものである。日常、皆さんが買物に行くスーパーの買物方式『セルフ・アンド・キャリー方式』を最初に考え出したチェーン・ストアでもあった。

そしてもう一つ。それまで対面販売方式以外、不可能と言われてきた生鮮食品もセルフ・アンド・キャリー方式で展開し、現金販売を原則とした薄利多売を徹底した企業でもある。このA&Pを切っかけに冷凍食品類が急激に進化することになったとも聞く。

店の中は、日本のスーパーとほとんど同じで（こちらが発祥の地、当り前の話である）生鮮三品（肉、魚、野菜）にお惣菜、生活雑貨など並ぶ商品はまったく一緒であった。ただ、野菜などは一つ一つがとても大きく、また量も多い。ほとんどが日本のようにパックされることなく無造作に積み上げられていた。また、さすがに本家本元、冷凍食品の中に良いものを見つけた。メイン・ディッシュにデザートまでが一皿になって、電子レンジでチンをすればできあがるものがある（当時、日本にはまだない食品であった）。これは便利（！）と買い漁り毎日のディナーとした。パッケージにある、できあがりの写真をみると実に美味そうだ。何よりも定食風に揃っていて、僅か$3.90ほどの価格に割安感を抱かされたものである。

今日は『とろ味ソースのハンバーグにんじん添え』、明日は『オレンジソースのチキンにパイナップルのデザート付き』と、楽しみにしながら、とにかく一週間分をカートに入れてレジへ持っていく。

当然のことながらスーパーでの買物に会話など必要ない。

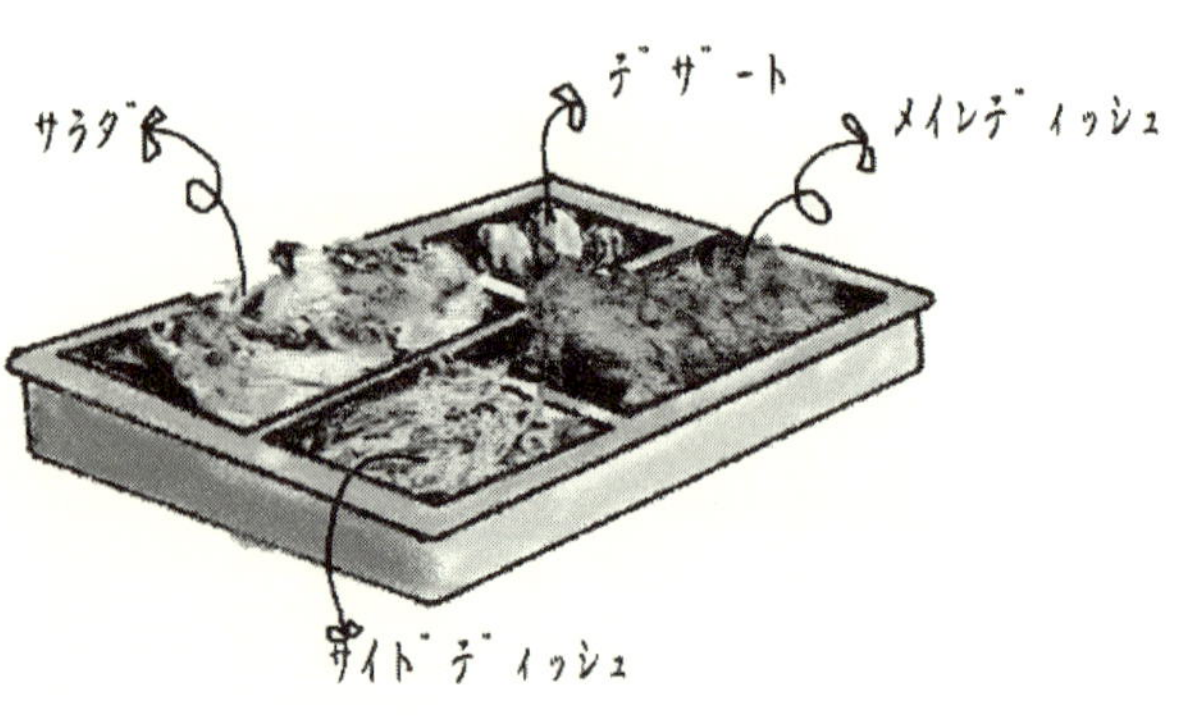

レンジでチンのフルコース？

レジは十台ほどあるが、端の二台は『エクスプレス』と書いてあり、十品目以内の少数の買物はそちらに並んだ方が早く済む（これも当時、日本にはないシステムであった）。周りを見ていると確かにカートに山のように買物をしている人が多い。話には聞いていたが、本当にこちらでは一週間分をまとめ買いするようである。

私は、大型のカートが気の毒になるぐらいの少数の品物をレジへ運ぶ。レジには、ベルトコンベアーがあり、買った品物を乗せていくと品物が前へ進む。私も、前の人のまねをしてベルトコンベアーに移す。しかし、前の人の買物と自分の買物の区別がつかなくなってしまった。どうしたら良いかわからずに、一緒にならないように手で押さえていると、レジ係が使い込んでペンキの剥げた短い棒を私に差し出す。きょとんとしていると前の主婦が笑顔で品物の間に置いてくれた。なるほど、単純なことだがこれで簡単に品物が区別でき、さばけていくではないか。

レジスターに打出された金額を払う。代金を払ってしまえば、別に話しかけられることもなく買物は終る。これで言葉を交わすことなくひとまず買物が無事にできたと思ったその時である。レジのおばちゃんが話しかけてきた。

「Paper & Plastic?」

まさか声を掛けられるなど予想もしなかった私は、慌ててしまって聞き取れなかった。

「Excuse Me?」

と、つい反射的に聞き返すと、彼女は同じことを繰り返したが、私は『紙とプラスティック』がどうかしたのだろうかと考えてしまった。

「それらを買ったほうが得だよ」

とでも言っているのだろうか？　私なりの想像をしていると、後ろに並んでいた人たちは、エクスプレスのレジを諦めて普通レジに並びはじめた。面倒くさがり屋のアメリカ人とは聞いていたが、レジ係の彼女はベルトコンベアーの上に、紙袋とビニール袋を置いて、

「どっちに入れるか選んでいいのよ」

と、親切に教えてくれた。まるでＴＶ番組の『はじめてのおつかい』みたいな買物である。ビニール袋のことを『プラスティック・バッグ』と表現することも知らなかった。こちらでは分別ゴミのための袋までチョイスできるようにしているのである。このような場面は、生活に慣れるまで日常茶飯事的に続くことになる。

ある日、会社でのランチタイムでも同じような場面に遭遇した。日本人のビジネスマンは、ほとんどが昼食を日本食で済ませる。しかし、それは高くつくことにもなる。

給料日の前日などはポケットに一〇ドルと少ししかない時がある。私は昼食を安く抑えるためにファースト・フードで済ませようと一人で出向いたことがある。日本でもお馴染みのハンバーガー店は、二ブロック離れた四二丁目通りにあり、近くには、映画『ゴーストバスターズ2』の舞台にもなった『NY市立図書館』もある。私はそこの階段に座ってオープン・エアーで食べるニューヨーカーをやってみたいと考えたのだ。

ハンバーガー店の中は、ここも日本とまったく同じ（これも当り前の話である）。順番を待つ間にメニューを確認する。コーヒーとダブルバーガーなら$4.00でお釣りがくることを確認して、いざ注文。写真のメニューを指で差しながら『これとこれ』と気軽（？）に注文をする。これで会話をしなくても昼飯にありつける筈……であった。

ところがまたしても、女の子が話しかけてくるではないか。

「Potato or Anything else?」

しかし、今度は解った。

「No Thanks. Just it」

と、簡単に答えて代金を払った。だが彼女はお釣りを渡しながら更に何か話しかけてきた。

「Hear & To Go」

ハッ?と思いながらも『Hear』は何となく解る。だが、『To Go』が解らない。

「もう、いい加減にしてよ」

とでも言いたそうな顔をしている女の子に、とりあえず、

「Take out」

と言ってみた。すると今度は彼女がハッ?という顔をする。とにかく面倒くさくなったのか袋を取り出して、トレーから詰め直した。

たかがハンバーガーを買うだけなのに、一時はどうなるのかと額ににじんだ汗を拭きながら図書館に向かった。一人、食べながら考えてみたが、日本では『Take out』としか教わっていないのにそれが通じない。

こんなことではこれから先、私のNY生活はどうなってしまうのだろうか。湧いてくる心配をふり払うようにダブルバーガーに食らいつき、がんばらなければと思うスタートであった。

階段に座って食べるランチ
これぞニューヨーカー

Episode5　不思議な支払い

　ＮＹで暮らしていく場合、まずやらなければならないのが先にも述べた、ソーシャル・セキュリティー・ナンバーの登録、それと銀行口座の開設である。日本では、公共料金や給料の自動口座振替が当り前なのだが、ここアメリカでは様子が違う。もちろん、自動振替のシステムは一九八五年頃に導入されてはいるが、アメリカ人は銀行を信用していない節があり、あまり浸透していないのである。一般的には『小切手郵送』がほとんどだ。

　ＮＹにも、東京信託銀行（現、東京三菱銀行の現地法人）をはじめ日本の大手銀行が数行現地法人としてあるが、本社で指定をされていたこともあり、東京信託銀行に口座を開くことになってしまった。預金口座の種類には、利息が付かない『当座預金』（Checking Account）、貯蓄のための『定額預金』（Time Deposit）、そして、この二つを合わせた『貯蓄預金』（Now Account）が主だったところである。

　私は、『Now Account』を作ることにした。この口座では月に$3000.00の預金残高を切ると月に$25.00のペナルティが課せられる。ところがこの銀行、日本人の間でも余り評判が良くない銀行だったのだ。日本の銀行ではあるものの、海外送金などを独占しているためか、窓口での接客態度やサービス面では日本と同じものを期待してはまるでダメだった。

口座開設をすると一週間ほどでパーソナル・チェック（個人小切手帳）なるものが郵送されてきた。ずっと日本でサラリーマンをやってきた私には、あまり縁がなく、最初は使い道が解らなかった。

買物などは、クレジットカードがあれば済む。もちろん、日本で発行されたインターナショナルのカードでは、日本の銀行で引落とされるため、為替による差損が生じるのでアメリカのカード会社へ申込み、現地決済ができるようにすればよい。引っ越し当初は、何かとモノを揃えなければならないが、多額の現金を持ち歩いて買物するなど非アメリカ的である。ある時こんな事件が発生した。

日本から来た女性がＮＹで一人暮しをしようと、アパート探しにハーレムの方へ出向いた。彼女は、見よう見真似で地下鉄を使い、一二五丁目の駅に降り立つ。アパートを借りるために現金で$4000.00ほど所持していたと聞く。そこで襲われて現金を奪われてしまった。彼女は、ＮＹに住むのを諦めて帰国したということだ。

また、大阪からは三人のご婦人方がＪＦＫに降り立った。買物目的だったようで空港に到着するとその足でリムジンをチャーターし、ソーホーへ乗りつけた。三人は買物のため車から降りある店の中へ。運転手は、指示された通り表で待つことになる。一五分ほどして三人が車に戻ると大騒ぎとなった。後部座席に置いたままのバッグが無くなっているというのだ。中には、今回の買物のために持ってきた五百万円の現金が入っていたらしい。チャーターされたリムジン会社は、大手で信用のあるところだ。運転手は、現金が座席にあったとは知らないし、見張っているようにと言われてもいなかった。だが話を聞いてみると……、彼は、車内に臭いが付いてはいけないと思い、外でタバコを吸って待っていた。すると通り掛かりの男に、「右前のタイヤがバースト（パンク）している」と、声をかけられる場面があったと言う。つまり、右前部を覗いている間に死角となる後部左側のドアから別の男が金を盗んだらしい。被害者の三人はリムジン会社を訴えたが、結局、多額の現金を置いたままにした被害者側に過失があるといった判断が下された。どうもご婦人方はここがNYだということを忘れていた様である。

居酒屋では、しばらくこの話題で盛り上がっていたことを付け加えておこう。

このような話を耳にすると、益々クレジットカードの重要性を考えてしまう。しかし、そのカードでさえ自動口座振替はない。買物をすると月末にステートメント（明細書）が郵送されてくる。その中には、返信用の封筒が同封されおり、明細書を確認したらパーソナル・チェックに金額を書きサインをして送り返すのだ。

公共料金やケーブルテレビ、電話代など全て、郵送という形で小切手が飛び交っているのである。給与もカンパニー・チェックで振り出されるため、自分で口座に預金に行く形となる。

更に、この国では、サラリーマンといえども確定申告を行う。書式に添って計算していくと税金の還付があるのか、ないのかすぐに判明する。この時の還付金や徴収金すら小切手でのやり取りとなる。これらも郵送でのやりとりなのだ。

（二〇〇一年の米国同時多発テロに関連した郵便物による炭疽菌事件を覚えている方も多いと思う。このように米国では日本以上に郵便の利用頻度が高いのである）

小切手と縁がなかった私は、最初のうち不安で仕方なかった。

「普通郵便で本当に大丈夫だろうか」

「途中で行方不明になったらどうしよう」

日本では、時々郵便物が紛失することもあるし、小切手など一般人にはほとんど馴染みが薄く、せいぜい現金書留ぐらいしか知らない。だが慣れてくるとこの小切手ほど確実で安全なものはないことが解ってくる。振出人と受取人が一致しなければただの紙切れでしかなく、他人が盗んだところで何の役にも立たないのである。現金や自動引落としよりも信用ができるのである。

ただし、不渡りをださないように気をつけましょう。

Episode6　ドライバーズ・ライセンス

アメリカでの生活に必要なものに車がある。西海岸に比べて東海岸は、比較的公共の交通機関が整備されていることはエピソード4でも触れたが、NY郊外に住んでいればやはり車は不可欠だ。

そこでまず、自動車免許証を取得しなければならない。免許証は、ID（身分証明書）にもなる。もちろん日本を発つ時に国際免許証を取得してきてはいるが、州や郡によっては通用しないところもある。

免許証の取得は『Department of Motor Vehicles』（陸運局）へ出向き、ペーパー・テスト（日本語の問題を選択することもできる）と視力検査を受けて、『Temporary License』（仮免許証）をもらい、自動車学校で五時間講習を受講後、自主路上練習をしたり（しなくてもよいのだが）自分の車を運転（！）して、実技試験を受けに行くことになる。

だが、面白いことに日本人コミュニティーの間では、何故かこのペーパー・テストの四種類の問題用紙がコピーで廻ってきていた。誰がコピーしたのか、どうやって漏洩したのか知るところではないが、受験するときは丸暗記しておくようにとのこと。用が済めば次の人にコミュニティーを通じて回っていくのである。受験日によって四種類の問題から一つが出されるとのこと。折角のご好意に問題を暗記しようとしたが、アメリカ人が作成したのか日本語が妙にへ・ン。それでも一生懸命覚えてみた。

交通法規で特徴的なのは、スクール・バスが乗降停車した時、道路幅と車線によっては、再び動きだすまで追抜くことを禁止している。その場合、反対方向の車輛も停車していなければならない。子供の安全を最優先にしているのである。また、交差点では左折する時に前輪を真っ直ぐにしたまま、反対車線の車が通り過ぎるのを待たなければならない。これは、追突されて反対車線に飛び出すことを防ぐためらしい。坂道駐車をする時もハンドルを歩道側と反対に車道側に曲げておかなければならないのである。ブレーキが緩んで勝手に動き出しても歩道側ではなく、車道側に飛び出すようにするためである。

私は、一週間で問題を暗記し準備が整ったところで挑戦してみることにした。同僚のアドバイスによると、日本で免許を持っていなかったことにして受験をした方が良いとのこと。日本で運転していたから実技は大丈夫などと思って、申請時に日本の免許証を提出すると没収されてしまう。アメリカにとっては日本の免許証を持っていてもいなくても関係ないことなのである。受付の係官にとっては特に関係ないことなので、面倒くさいことをせずに取り上げてしまうのである。

受験のため、パスポート、現住所を証明するために電話やケーブル・テレビなどの請求書(ただしオリジナルに限る)を持って、ホワイト・プレーン(ウエストチェスターの郡都)のモーター・ビークルに出かけることにした(アメリカでは、住民票などないのでこういった二種類以上の郵便物で住所を証明することになる)。

受付カウンターには、三人しか並んでいない。待っている間にすぐ前に並んでいるプエルトリカン系の青年が、カウンターの上をくい入るように見て何かブツブツ言っている。どうしたのかなと思って見ると、受付の上に視力検査のボードが吊るされているではないか。彼は目が悪いのか、それを視力二・〇まで丸暗記しているのだった。

受付に書類を出し、特に問題がなければ、その場で視力検査を行うのである。何となくいい加減な感じがしないでもない。九ドルを支払って、いよいよペーパー・テストである。解答用紙と問題用紙は別々で、問題用紙の方は何度も使い回しているのか透明のプラスティック・ファイルに入れて汚れないようにされていた。一回の受験料で二回まで学科試験は受けられるのだが、一回で合格するにこしたことはないと思ってじっくりと取りかかってみた。確かに四種類の問題の内の一つではあるが、透明のプラスティック・ファイルを傾けて光を反射させてみると、誰がやったか知らないが、解答にボールペンの丸い痕がくっきりと凹んで見えるではないか。

これなら問題を読むまでもなく、一分もかからず終わらせてしまうことができる。だが、見ると試験官は椅子に座ってこっちを見ている。あまりにも早過ぎるのでは何か疑われそうな気がするので暫く待つことにした。さっきの青年は、問題がよく解らないようで私の斜め前で頭を抱えている。試験開始から五分ほどでやっと一人が部屋を出て行った。それを見て私も退室することにした。

仮免をもらった私はその足で『安全自動車学校』に寄って、五時間講習の予約を取ることにした。この自動車学校は、二五年もこちらに住んでいる日本人が経営している学校。と、言っても一人でやっているのだが、五時間講習では、法令に関する話などほとんどなく、自分の経験談に愚痴を交えての漫談的なものだった。よく聞いてみると、私と同じ会社の元社員だったらしい。その昔、販売員として海外赴任し、アメリカが気に入って帰国命令と同時に退社し、そのまま居座ってしまったとのこと。好きで自動車学校を経営しているのではなく、食べていくためにやっているとも言う。ヘンな人だった印象が強い。

Episode7　駐車場

（1）

会社の同僚に紹介してもらったディーラーで日本の小型車を買うことにした。アメリカに居る間だけでもアメ車に乗ってみたいとは思ったのだが、周りの話を総合すると、アメ車はたとえ新車といえども、いつ何処で壊れるか分らないらしい（こういった車のことを『Lemmon』と言う）。

「おい、アメ車なんか絶対に止めとけよ」

と、強く反対する奴もいる。

この同僚は、赴任してすぐにアメ車の中古を買ったらしいが、ある時ハイ・ウェイを走っていて突然止まってしまったことがある。原因不明で、レッカー車を呼んでみたものの何時来るのやらさっぱり分らず、結局は、ハイ・ウェイで半日待たされることになってしまった。その後も度々、故障が続いた結果、中古で買った時の倍の費用が掛かってしまったという。

私は悩んだ末に、赴任にあたって会社から借りてきたお金のほとんどを使って、日本の新車を買うことに決めた。

日本人のセールスマンがいるそのディーラーは、四七丁目の十一番街（ウエストエンド・アベニューとも言う）にあり、さっそくアポイントを取って行くことにした。エピソード3でも話したようにNYでは、八番街より西側には『死んでも行くな』と言われている場所である。観光や出張などでは絶対に行くこともない場所だが、今回はそうも言っていられない。何しろ生活が掛かっている。タクシーで行くことも考えたが節約をしなければならない。また、こんなことでもない限りなかなか行く機会もない場所だと、意を決して歩いて行くことにした。今、考えてみれば必死だったのかもしれないし、怖いもの見たさだったのかもしれない。

四三丁目から五番街の四七丁目を曲がって、十一番街まで行くことにした。四七丁目を左折すると六番街までは有名な宝石街である。頭にお椀のような黒い帽子を被り、顎ひげを伸ばした独特のスタイルの人たちが多い。彼らが、宝石店を経営している東欧系ユダヤ人。つまり『ジューイッシュ』と呼ばれる人たちである。NY人口の四分の一は、このジューイッシュだと言われており『ニューヨーク』を捩って『ジューヨーク』と皮肉ることもある。

ここを抜けると、有名な『タイムズ・スクェア』にぶつかる。ここは、世界でも有数の屋外広告の一等地として有名であるが、ブロード・ウェイと七番街がクロスする四五丁目に立って三六〇度見渡す限り、三年前にはアメリカと日本の半々だった広告が今や日本企業ばかりである（一九九八年に出張で訪れた時は、逆に日本企業の広告はほとんど姿を消していた）。

『ブロード・ウェイ』は、一般に四一丁目から五三丁目あたりの、劇場が集中する繁華街の代名詞のように言われているが、実際は道路の名称である。私は一度、何処まで続いている道路なのか車で走ってみたことがある。マンハッタンより遥か北の『ドブス・フェリー』に住んでいる同僚の住所がブロード・ウェイだったことに興味を持ってのことであった。南端は『ウォール・ストリート』の一番を起点にして、ハドソン川を沿うように遥か北の『Mount Pleasant』というウエスト・チェスター郡の町まで続いていた（夕方になり疲れたのでそこで引き返したため、その先まで続いているかどうかは分らない）

四七丁目のブロード・ウェイあたりまでは、人通りも多く賑やかではあるが、八番街を通り過ぎた頃から通行人も疎らになり、行き交う人が急に黒人だけとなってしまった。やはり前に聞かされていたとおりである。アパートの入口付近で黒い腕を出したランニング・シャツ姿で話している人も、通りの向こうで金網のゴミ箱を覗きながらアルミの空き缶の入った袋を引きずっている人もみんなである。ビルの影で全体にモノトーンの世界が広がる通りに黄色人種の明るい（?）人間は、どう見ても私だけのようである。時々、振り返りながら歩く。別にどうってことはないのだろうけど何となく薄気味悪い感じがしてくる。目的の十一番街は、もう少しである。だが、前から大きなカセット・ステレオを肩に担いで音楽に合わせて体でリズムを取りながら歩いてくる黒人がやってきた。私は思わず反対の歩道に移ることにした。

後にこのルートは何回も通ることになるのだが、生まれて初めて通ったこの日の緊張は忘れることができないだろう。よく『後ろに目をつけて歩け』と言われるがこの日ばかりは、後ろどころか四方八方に目をつけて歩いている自分だった。

ディーラーのショウ・ルームは、近くに車関係の工場などが集まっている場所でもあった。向こうの交差点の四つ角には、別のディーラーだが同じ会社名で『GM』、『レクサス』（トヨタにおける、アメリカ販売車名）、『ベンツ』に『アキュラ』（ホンダにおける、アメリカ販売車名）の各看板が見える。日本のように同一系列での販売ディーラーではないのである。ディーラー側はあくまでも独立した企業として、独自の販売チャンネルを展開しているので一ディーラー、一メーカーではないのである。当時は、節操のない会社などと思ったものだが、今では車を購入する側にとっては、至極便利であると思っている。ひとつのディーラーに行けば色んな車種が一度に見られて選択肢が広い。

さて、教えられたディーラーの一階にはショー・ルームらしきものは見当たらない。受付で聞いてみると二階がそうだと言う。エレベーターで上がってみると確かにショー・ルームになっていた。だが日本のように来店者に対し、まるで禿鷹が餌に飛びつくようにセールスマンが近寄って来たりはしない。しかし、あまりにも静かなのも無視されている感がしてしまう。

「お前ら、ホントに売る気あんのか」

と、言いたくなるぐらい商売っ気がない。

ここでは『ホンダ』（アメリカでのブランド名は、〈HONDA〉と〈ACURA〉がある）を扱っている。とにかく紹介されたセールスマンを探す。オフィスのようにロー・パーティションで仕切られたブースを覗き、声を掛けた。日本語で快い挨拶があった。車を見せてもらうとどれもサイド・ミラーが左の運転席側にしか付いていない。右はオプションだという。それに電動可倒式にもなっていない。これに文句をつけたが逆にバカにされてしまった。日本と違ってスペースのあるアメリカではめったにドア・ミラーを倒す必要がないと言うのだ。とにかく車を決め、いよいよ値段交渉に入ると、ショウ・ルームの隅にある個室に案内された。セールスマンのボスらしい人間がやってくる。その部屋で最終価格交渉をするようだ。交渉は順調に進んだが、リモコン・キィを併用したセキュリティ・システムやアンダー・コーティング（寒冷地仕様。NYは青森と同じ緯度なのである）といった、オプションを付けさせられ（?）、何だかんだと値引き分だけオプションが付いてしまった。NYでは盗難も多く、冬には凍結防止剤（岩塩）を道路に撒くからこれらのオプションを装備した方が賢明とのことだった。

しかし、最初に予算を伝えてしまったのがいけなかった。できるだけ安い方が良いと交渉に臨んだのだが最終的には、本体価格を値引いた分だけオプションで予算通りの金額を払わされることになってしまった。後で判った話だがＮＹで車を販売する場合、寒冷地仕様は標準装備なのでそれ以上の特別コーティングなど必要ないとのことだった。悔しい思いをしたものの一度サインをしてしまったらそれまでである。

車を手にすることができた私はさっそく、免許証の実技試験を受けるべく自動車学校に受験の手続きを頼んだ。

実技試験当日は、同乗する試験官に常に笑顔で好感を持たれるようにした方が良い。日本人は試験となるとどうしても堅くなり、無愛想で印象が悪くなるらしい。反日感情が強い試験官だったりすると、その態度だけで落とす奴がいると、自動車学校のヘンな人がしつこく注意していたのを思い出していた。

私の順番になり、助手席に乗ってきた試験官に満面の笑顔で挨拶する。言われる通りに発車させ、最初のＴ字路を右折し、順調に進んで行く。縦列駐車に、パラレル・ターンを無事に終えると戻って良いといわれた。試験官が怪しいと思うと実技コースはもっと遠くまで行くらしいが、私の場合、たったの三分程で試験は終了した。私は最初に曲がったＴ字路を左折し、スタート地点に戻ってきたが、以前若い日本人女性が簡単に済んだ試験にホッとしたのか、Ｔ字路を左折して左側の車線に入ってしまい、最後の最後で失格した実例があるらしい。日本人はどうしても左側通行が身についているようだ。

こうして無事に免許証を取得した私は、アパートの駐車場を利用することになった。屋根付きのガレージは月$50.00で数に限りがあるが、青空駐車場は家賃にIncludeとなっていた。だが青空の方は、川からの吹きっさらしをまともにうける場所にある。そんな場所で週末に洗車をするのは、せいぜい私ぐらいのようだった。

冷たい冬のある日、あまりにも車の汚れがひどいのを見て、寒い中で洗車することにした。お湯を入れたバケツを手に、薄日が差した駐車場へ降りていく。外へでた途端、冷たい風が肌を刺す。一瞬、止めようかと思ったが重いバケツを持って三階から降りてきたことでもあり、そのまま車へ向かうことにした。こんな日には、遥か向こうにエンパイア・ステート・ビルを望むことができる。二五マイル以上の展望である。

湯気が立ち昇るバケツに洗車用のセーム革を突っ込む。ジーンと手の痺れを感じながら濡れたままのセーム革をボンネットに運んでみた。サーッとひと拭きすると汚れが水滴に変わっていく。その時であった、水滴はすべてが氷の粒になって、ボディーに貼りついてしまった。指で弾くとひとつずつ剥がれていく。

初めての経験が面白く、寒さも忘れて一気に洗ってしまった。

（2）

暮らしはじめて半年を迎える五月初旬。この駐車場で奇怪なものに遭遇することになった。車に用事を思い出し、夜の八時ごろだったか部屋を出て階下へ降りていく。昼間の駐車場には、野生のリスが駆けずり回り、時にはスカンクと睨めっこができる。アパートの各部屋からの、団欒の明かりが暗い駐車場を照らしていた。私の車の駐車場所は端で薄暗い所にあり、花壇の側だ。心地よい夜風に触れながら、薄暗い場所に足を踏み入れた時である。その暗い道からサァーッと浮かび上がるものがあった。花壇の方でも同じである。私は一瞬何事かと立ち止まってしまった。

小さい頃には、これといって珍しくもなく、また毎年その季節がくると当り前で身近な出来事だった。だが今では、遠い昔になってしまっている。

『蛍』であった。ホタルが人の気配で一斉に飛び上がったのだった。

昔、日本でも町外れには良く見かけたものである。土地開発にインフラやアクセスが整備され宅地造成が進み、ほとんどが都市化してしまった現代日本。田んぼや小川が遠くに追いやられ、当り前だったことが当り前でなくなり、自然の大事なものが遠い昔に置き忘れられている。

近年、流行っているHealing（癒し）は、その回帰本能の現われかもしれない。

（3）

アメリカで暮らしていると、生活圏に駐車場が実に多いことに気がつく。アパート前の道路や駅前、町のメイン・ストリートと、至る所にパーキング・メーターなどが設置されている。それも場所によっては、五分間刻みで五セントから使用できるものもある。だから、クリーニングやレンタル・ビデオぐらいに寄るならそれで充分であった。

一方、マンハッタンではどうだろう。アパートが集中する道路では、何処も彼処も平日は駐車禁止。—これ当り前の話。しかし、金曜日の夜八時から月曜日の朝七時までは、路上駐車が許される場所もある。だが、油断するととんでもないことになってしまう。

ある仕事中の夕方、気分転換に近くの本屋へ行くことにした。ビルを出たところで近くにサイレンが響く。さっそく、野次馬根性で一ブロック先の角を回って覗きに行くことにした。薄黄緑色の消防車が消火準備をしているところで、路上駐車中のＢＭＷがその先に見えた。新型車のようであるが、ボンネットからもうもうと煙を上げている。消火ホースが向けられたが、エンジンの下から炎が吹きはじめる。どうやらボンネットの上に何か発火するものが付着しているようだ。炎が強くなってくると消防士が慌てはじめた。野次馬に向かって、もっと退がるように声を張り上げた。ガソリンタンクに火が移る前に消火されたが真新しいＢＭＷは、ほとんど全焼状態となり、消火後の煙とオイルの臭いがビルの谷間に立ち込めた。いたずらのようであるが、いたずらぐらいで車を焼かれてはたまらない。

「とんでもない街だなァ」

と、つくづく思ってしまった。これ以来、マンハッタンでの路上駐車は止めることにした。

そこで有料の駐車場を利用することにしたが、ＮＹにある駐車場は日本よりも料金が高いと言われる。だいたい、安くても$8.99/1Hour などの看板が目につく。しかし、燃やされたり、盗まれたりすることを考えれば、決して高くないのかもしれない。

私が初めて駐車場を利用した時は、なかなか勝手が分らなかったが慣れてしまえば結構使い易く、楽でもある。

まず車を駐車場に入れると、鍵をつけたまま降りる。ただし、車の鍵だけを付けたままにし、他の鍵は置かないこと。アパートの鍵などはすぐに偽造される。車の登録番号から、住所などもすぐに判ってしまうのだ。

受付では、だいたいの駐車時間を告げ半券を貰えばよい。ピック・アップ時は再び受付で清算し、車種と色を言えば車を降りたところまで運んで来てくれる。だが、ここで忘れてはいけないのがチップである。こんなところでも車を持ってきてくれた係員に渡さなければならない。料金の一〇%ぐらいであるが、一、二時間で$7.00～$8.00だったら$1.00をあげれば気持ちよく送り出してくれる。駐車場にも色々なスタイルがあるがだいたいこんなところである。

私は時々、土曜日にどうしても仕事で会社に出なければならなくなり、車でマンハッタンに出向くことがある。アパートからは距離にして約二六マイル（約四〇㎞）程あるが、渋滞がなければ三〇分前後で行くことができる。

会社から東へ三ブロック、南へ二ブロック離れたところに、青空ではあるが安い駐車場を見つけた。仕事なので四、五時間は停めなければならない。マンハッタンでは、週末になると駐車場やホテルなどが平日よりも格段に安くなる。日本とは、まったく逆である。その駐車場は、狭い土地に係員が効率よく、実にうまく並べて一台でも多く駐車できる形で商売をしていた。

私が仕事を終えて車をピック・アップに行くと、料金所のすぐ前に私の車が並べられていたことがある。その日は疲れていたし一刻も早く帰りたかった。

「これなら自分で出せるし、待たなくてすぐに出せるな」

と、思いながら料金を支払う。

「どの車種だ」

係員は、尋ねながら鍵を探している。私は、目の前に並んでいる車を指す。すると鍵を渡されるものと思って手を出している私を無視して、遠くで作業している係員にわざわざ声をかけ、車を料金所の横に持ってくるよう指示をした。結局、私が動かすよりずっと時間がかかった上、チップも払う羽目になってしまった。

親切で丁寧な仕事（?）にすべてがチップの世界。一事が万事、これアメリカである。

Episode8　Ceremony（1）

私の仕事は、インテリア・デザイナー。勤め先は大手百貨店であるが、古くから建装事業も手掛けている。所属する設計部は、百貨店の中で建装事業部として、このNYでも出先機関を現地法人化していた。事務所の近くには、百貨店事業の一環で日本からの観光客を中心にした、土産物屋的店舗を三〇年以上も前から出店していた。その他にも駐在員事務所をはじめ、他のディヴィジョンも現地法人化した事務所がマンハッタンの中に点在している。

今回の『海外赴任』は、会社がバブル経済を背景に念願の自社ビルを建設し、本格的店舗を作り、点在していた事務所も一ヵ所に集め、かつオフィスビルによるテナント収入を試みるというプロジェクトが、本格的に動き出したための増員計画の一端であった。

私が赴任した一ヶ月後には、プロジェクトの建設が始まることになる。土地購入から既存ビルの解体、設計事務所の設計コンペにゼネコンの入札（Bid）などここに至るまでに数年を費やしたプロジェクトであった。

このビルには、リテーイル・ショップ（小売店舗）を一階から六階までに展開し、分散している各ディヴィジョンの事務所を七階から十二階に集約、十三階から一九階までをテナント・オフィスにし、二十階と二十一階のペントハウスを会社のゲストハウスとして運営する計画でスタートしたものだ。

五番街の五四丁目と五五丁目の間に、間口一五m、奥行き三五mの土地に二十一階建てという細長いものだが、間口はNY市バスの長さとほぼ同じだ。南側には、『エリザベス・アーデン』北側には『ビジャーン』などと、向こう三軒両隣には、高級ブティックが軒を並べる絶好の場所でもある。

一八三七年にブロード・ウェイの南部に装身具と土産物屋として開店し、その後徐々に北へ移転しながら名声を高めてきた『ティファニー』もそのひとつである。また、一九二九年創立の『ニューヨーク近代美術館』（M.o.M.A）なども近くにある。

プロジェクトが正式に立ち上がったのは、日本がまだバブルで浮かれている時期であった。反対にアメリカでは緩やかに景気の翳りが始まり、起工式の一ヶ月後には湾岸戦争が勃発し、これを契機に一気にリセッション（景気後退）へと向かうといった皮肉な状態となった。そのため、このプロジェクトはNYで雇用創出として大いに歓迎されることになる。

しかし、一方で日本企業の進出を歓迎しながらも、もう一方では住宅地や町の電柱の至るところに戦争へ行った兵士が無事で帰還できるようにと『黄色いリボン』を付けて静かに見守っていたアメリカでもある。

この時期、日本企業はカネに物を言わせ、NYの象徴であり一日六万人もの人が働く、ロックフェラー・センターやAT&Tビルさえ買収に及び、ニューヨーカーからは『ブーイング』の嵐で在米日本人は肩身の狭い思いをしたものである。

十二月中旬、小雪の舞う寒い日。我々、現地社員は総出で地鎮祭の準備に追われていた。文化が違うとは言え、こちらにも同じ儀式が存在した。『Breaking Out Ceremony』（起工式）と言う。しかも会社は、驚くことにNYのド真ん中で神主を呼んでの鍬入れ式を敢行したのである。神主は、ロス・アンジェルスから呼び寄せたらしい。

氷点下の現場にテントを張っての列席者には、日本から掛けつけた重役をはじめ、現地の設計事務所関係者や建設会社、それに我が事務所からのスーパーバイザーなどがいた。その中で安全祈願に祝詞が挙がり、榊を奉納する光景は非常に不思議な感じがする。特にアメリカ人が『二礼、二拍手、一礼』をする様は、さすがにぎこちなくも、また真剣であった。

滞りなく式典が済むと、私たちは急いで向かいの『ペニンシュラ・ホテル』に飛んで行く。パーティーの準備として受付や手土産の用意などに大わらわとなった。あくまでも日本式でのセレモニーである。

こうして始まったプロジェクトは、一九九三年の完成を目指して翌日から基礎工事の採掘からスタートすることになった。

しかし、セレモニーのように順調にはいかないのが現実である。明けて翌年の一月には、雪の降り積もる現場から動力機械をはじめとする大小の建築機材がごっそり盗まれるなど、前途多難な幕開けとなった。

だが一方では、マスコミがニュースに取り上げるなど、話題に事欠かなかった面もある。

日本の百貨店が五番街の真ん中に土地を取得し、自社ビルを建てるなど前代未聞のことである。そのため、五番街商店会を通して、NY市へ街のゴミ箱とゴミ回収車一台、計十万ドルもの寄付をするといった気の遣いようであった。

NYでは、地下鉄やバスの無賃乗車などで捕まった者は、一定の奉仕活動を行わなければならない。この奉仕活動の代表例に街のゴミ回収作業があるが、それに関わる我がプロジェクトの寄付が大いに話題となったのである。地元のフジ・テレビジョンやアメリカ三大ネットワークが取材をするといった具合で、暗いNYに明るいニュースとして報道されていた。

建設工事には、資材置き場が不可欠となるが、五番街の目抜き通りで間口がたったの一五m程しかないところでどうするか。スタッフで考えた末、歩道の上に防護屋根を設け、そこに資材を置いたのである。日本では公道である歩道の上の使用許可は公開地として許可されることはほとんどないが、こちらでは申請をすれば可能となるのである。NYを歩いていると、アパートやレストランなどで入口から車道にかけてキャノピー（天蓋）を取り付けているのをよく見かけることがある。あれは実に便利なものである。街行く人も急な雨降りで雨やどりできるし、ビルの品位も上がるという効果がある。また、入口の脇に歩道から直接地下へ降りていく階段を見かけるが、あれもまた規制の違いである。NYでは、ビルの敷地から6フィートは、歩道の部分に地下を伸ばして使用することができる。時には、観音開きの鉄蓋が付いていて、リフトが競り上がり式で荷物の搬入などを行うところを見かけることもある。間口の狭いNYならではの、実に合理的な発想で便利なものである。

NYでは、ビルを建てる時オーナーはビル自体を商品と考えているため、日本のように立地だけで価値を決めることはない。そのため、ビルの外観デザインに凝るのである。一種のステータスとして、より高く売り、テナントを誘致することを考えている。我が社のビルも一九九三年度のNY建築デザイン賞を受賞している。

プロジェクトのビルは、両隣ともNY市のランドマークに指定されていることから、増改築が一切不可能となっていた。このため、工事を進める上でかなりの規制を受けることとなった。だが、面白いことにビルの外壁はその両隣のビルの外壁にアンカーを打って、密着固定するといった工法がとられたのである。

基礎工事の段階で掘り出された土は、トラック五台分にもなったがそのほとんどがマンハッタン島の硬い岩盤であった。マンハッタン島が土ではなく岩盤で成り立っている証拠を掘り起こしたことになるが、セントラルパークにはその岩盤が一部顔を出しているところもある。掘り起こした岩盤は、投棄することもできず、また貴重でもあることから、これを細かく割ってクリスタル・ガラスで作ったリンゴの中に閉じ込め、ペーパー・ウェイトとしてリサイクルし、オープニングの記念品として復活させることにした。
ＮＹが、別名『ビッグ・アップル』と呼ばれていることに引っ掛けてのアイディアである。

Episode9　時差ぼけ一発解消法

私は、今回の赴任の四年前に四ヶ月間の長期出張でマンハッタンのアパートに住んでいたことがある。当時は、平社員の私でも海外出張はエグゼクティブ・クラスでの渡航であった。今では信じられない話である。

実は、この時がエピソード1の西海岸研修から二度目の海外渡航であった。

当時は、まだハンディー・ビデオ・カメラなど市販されていない時代であったことから初めての長期渡米を記録するためにコンパクトカメラを持ち、緊張しながらも飛行機を降りると同時に空港内でシャッターを切り始めた。

入国審査室では、観光シーズンとも重なって長蛇の列。徐々にしか進まない列にいる間、暇つぶしと珍しさもあってカメラを構えた時である。パンツ・ルックの制服を着た黒人女性の係官が私の方を見て、唇を尖らせて顔の近くで人指し指を立て横に振る。撮影禁止の合図であるようだが何ともサマになった仕草である。同じ仕草を日本人がやっても、あのようにカッコよくないだろうと感心しながら、私もその気になって両手を広げ、『！』のジェスチャーで返事をした。

マンハッタンは、ご存知のように東の『イースト川』（East River）、西の『ハドソン川』（Hudson River）に挟まれ、東西に約四km、南北に二〇kmの細長い島である。ダウンタウンと呼ばれる地区は、南の端にある『バッテリー・パーク』から十四丁目ぐらいまでを指し、最も歴史が古い地域だ。

一六二六年にオランダ人が先住民族のインディアンから現在の物価に換算しても約$100.00ぐらいの金額でマンハッタン島を買ったことは『史上最大のバーゲン』と言われて、有名な話である。当時の人口は、一三〇〇人。

独立後、一七八五年にアメリカ最初の首都となり、初代大統領ジョージ・ワシントンが就いたが僅か一年三ヶ月後には、首都はフィラデルフィアに移ってしまった。当時の人口は約三万人である。

そして一八九八年に、ブルックリン、クイーンズ、スタッテン・アイランド、ブロンクスをニューヨーク市に加え、現在の形が整った。総面積は七八〇平方キロ、今では七三〇万人、一四〇ヶ国以上の人たちがひしめき合っている。

私が今回の業務応援出張で勤めるオフィスは、四二丁目にある『グランド・セントラル駅』（日本人の間では、通称『グラセン』と呼ばれている）に程近い、マディソン街の四三丁目と四四丁目の間にあった。このオフィスが入っているビル（342Madison）の前にタクシーから降り立った時、運転手に「扉を閉めろ！」と言われてしまった。そう、タクシーは自動ドアではなかったのだ。その後も、しばらくはタクシーを呼び止めては、じっと立ったままでいるものだからタクシーは私を乗せずに走り去ったり、「降りる」と言っておきながらいつまでも降りないで「着いてるよ」と再三言われるなど、タクシーを利用するたびにドアと睨めっこしていた。

初めてマンハッタンの地を踏んだ時、昼間にも拘わらずビル影で薄暗く、摩天楼に挟まれた空間の中で反響する騒音と道に散乱したゴミは、まるで東京新橋のガード下のようだった。

当時は、日本企業の本格的進出が始まり出したところで、バブル経済崩壊後の現在とはまったく逆という、今からは想像もつかない時代だったかもしれない。

私が着いたのは、金曜日だった。午後からは、会社で用意した出張者用のアパートに案内してもらった。場所は、比較的高級な住宅街にあたる五一丁目の三四〇東にあるアパート『Allen House』で、入口には、キャノピーが設置され、住所の『340』が印刷されている。セキュリテイーを兼ねたドア・マンがいてカッコ良く、ちょっとリッチな気分になる。

入居手続きのために地下にある管理人室へ行き、言われるままに書類にサインをする。案内してくれた同僚が通訳するには、毎月の家賃支払いは、借主の個人小切手になるという。また、入居にあたっては『デポジット』（手付金）を一ヶ月分入れなければならないとのこと。私は、目を丸くした。

「そんな話は会社から聞いてないし、何故出張で来ているのに個人契約になるのだ」と、詰め寄ってはみたが、法人契約とは言っても詳細な部分では住人になる人間が契約をしなければならないようである。業務出張とはいえ、全てが個人対個人の契約社

キャノピー

会だ。仕方なしに前借してきた出張費で手付金を納め、鍵をもらって部屋に荷物を置くことにした。1ベッド・ルームではあるが家具付である。キッチン・キャビネットには、食器洗い器までビルト・インされている。昔の私はこの食器洗い機には、憧れがあった。

入居から一週間後の日曜日に部屋の掃除をし、食器洗い機を使ってみた。英語の説明書がよく解らず、とりあえず買っておいた食器用の洗剤を入れてスイッチを押した。洗濯機の音を小さくしたような音と共に中のノズルが廻っているのが分る。

「これでよし」

と、近くのスーパーに買い物に行くことにした。買物を終えて部屋に戻ると、三帖ほどのキッチンから廊下にかけて床一面に白い泡がモクモクと広がっていた。食器洗い機の洗剤には専用があることを知らなかったのだ。

案内をしてくれた同僚が部屋に入るなり言う。

「へェ、なかなか良い部屋じゃない」

「てめェら、日本から人を呼びつけといて一度も見ずに人の住む部屋を決めたのかァ」

と、心の中でその無責任さに飽きれながらも、とりあえず生活に必要な品物を買いに出かけることにした。

三番街の五九丁目の角に建つ、有名な『ブルーミングデール百貨店』（Bloomingdale's）に出向くことにした。道を隔てた向かいには、一八四六年にできたＮＹでの最初のデパート『アレキサンダース百貨店』（Alexander's　記憶では、一九九三年に倒産）もある。

必要最低限に押さえて買物を終えようとした時、私はトイレ（！）に行きたくなった。店員に尋ねると、

「Follow me」

笑顔で先に歩き出し手招きをする。日本の百貨店では、各階にトイレが準備されているが、こちらでは客専用のトイレがないことはエピソード1ですでに触れた通りである。だが、一流といわれる百貨店はさすがに客をちゃんと案内してくれる。昔のロスでの出来事をふっと思い出しながら、店員の後ろに追いてバックヤードエリアに入って行く。店員は、トイレの前に来ると鍵で扉を開けてくれる。どこのトイレも死角になるので、保安上決められた鍵を使うらしい。だから親切（？）に案内してくれたのである。

客よりも従業員たちの使用の方が多い。今日はウルトラマンの方ではないが、念のためブー

スの方も覗いてみた。すべてに扉が付いていた。私は空いている小便器を見つけてファスナーを下ろし、用をたそうとした。が、ずい分と便器の位置が高い。少し前に進み出て、気持ち爪先立ってしまった。

とにかく最低限の買物を終え、月曜日に初出勤（？）することにした。アパートのドア・マンは、三交代制になっているから出勤時と帰宅時では違う人が立っている。先にも述べたようにドア・マンはセキュリティーも兼ねている。だから住人の顔を覚えるのも重要な仕事のようだ。

その日、アパートに帰ったのが午前一時過ぎ。歓迎会での午前様と言いたいところだがそんなものは皆無で、朝からひたすらに仕事をさせられてのことであった。確かに人手不足による業務応援で海外出張してきたのだが、歓迎会ひとつなしでは、あまりにも可哀そうではないか。しかも、業務過密につき、勤務時間が午前九時から午前一時まで。つまり、同僚たちが乗る通勤電車の最終に間に合うまで仕事をしているのである。

疲れた足取りでやっとアパートに辿り付く。オフィスから歩いてきたのだが、途中パーク街とレキシントン街のブロック毎に女性が立っていた。ゾクッとするような超ミニのボデコン姿で声をかけてくる。最初は、その手の人たちが立っているとは知らなかったので、ウォルドルフ・アストリア・ホテルの角を曲がったときに声を掛けられてドキッとしてしまった。しかし、こちらは疲れている上に英語が解らないでは返事をすることもできず、アパートを目指したのである。

寝静まったアパートの入口から足を踏み入れると、小さなロビーで雑誌を見ていた夜勤のドア・マンに声を掛けられ再びドキッとした。

「Excuse me Sir」

「ハーイ」

軽く挨拶をすると、

「何処へ行くのだ」

と、聞き返してくる。

「私の部屋は、３Ａだ」

疲れた体に緊張が走る。これで部屋に入れなかったらどうしようか。ドア・マンは、ちょっと待てと言ってノートで何やら調べ出した。

「名前は？」

更に聞く。彼は、私の顔をまだ覚えていないようだ。二、三日前に入居してきた東洋人で、まだ話したこともないのでは仕方ないのかもしれない。名簿と照合してとりあえず確認できた様子。

「Okay Sir. Good night」

やっと解放された。部屋に入ってシャワーを浴び、冷蔵庫から缶ビールを出して一息つくと、何だか目が冴えてしまった。

憧れのマンハッタン生活をゆっくり味わうどころではなかった。とにかく朝から夜中まで仕事の連続。よくアメリカ人は、通常『九時から五時まで』で夕方の五時になるとどんな仕事の途中であってもピタッと止めて帰宅すると聞いていた。しかし、夜中まで仕事をしているのは、日本人のオフィスだけではなかった。こちらに来てみると日本人に負けず劣らず、残業でも平気でやっているのには認識を改めざるを得なかった。

その週の木曜日のことである。『ホテル・ニッコー・シカゴ』内にできる日本レストランのデザイン・プレゼンテーションの締切りを翌日に控えて、徹夜をさせられることになってしまった。毎晩、深夜まで仕事を続けてちょうど一週間目になる。

NYと日本の時差は十四時間なので、ちょうど昼夜が逆転する形に時差ボケが起ることになる。この一週間、昼食の後は地獄という日が続いていたが、仕事は『時差ボケだ』『徹夜だ』と拒否していられなかった。とにかく忙しい毎日である。

だがこの日の徹夜を境に私の身体は時差ボケから解放され、一気にNYバージョンに切り替わり、周りが見えるようになってきた。

それにしても夜明けのマンハッタンを早々に眺めるとは、想像もしなかったことである。企業というものは、まったく人使いが荒いものである。

Episode10　自然の脅威

ここでは、NYについての豆知識を披露しよう。

マンハッタン島は、イースト川とハドソン川に挟まれた、いわば三角州のようなものだ。北アメリカ大陸の東端で侵食をされた岩盤の塊であり、火山帯もないことから地震を知らない土地でもある。

だが地震と言えば、昔マンハッタンから六十㎞程北へ行った所にウェストチェスター郡の郡都である、『ホワイト・プレーン』（White Plains）という街で六十年程前に一度だけ地震があったと聞いたことがある。

深夜に起きたらしいが、当時住民は地震を経験したことがなかったためか、大きく揺れた後パジャマ姿のまま外に飛び出し明け方まで、

「?」

「!」

と、騒いでいたそうである。それほど地震と縁が薄い土地柄でもある。

とは言っても、マンハッタンから約二六〇㎞北に『サラトガ・スプリングス』(Saratoga Springs)という所がある。『アディロンダック山地』(Adirondack)の東南麓に位置する保養地だが、ここでは独立戦争後に薬効のある鉱泉が見つかっている。小さな町だが一八世紀後半から保養地として発達をしてきたこともあり、町全体がリゾート地としての雰囲気を醸し出している綺麗な所だ。町は、この鉱泉を沸かした温泉が二箇所あるが、日本のそれとは少し違った、いわゆる『トルコ式』のお風呂である。

ニューヨーク州は、全米五一州の中でも比較的小さい州であるが、電話の『エリア・コード』(市外局番)は、カリフォルニア州に次いで二番目に多い八エリアを有している。更に、北はカナダの国境まで続き、一般に良く知られているのがバッファローに近いナイアガラ滝ということになる。つまりマンハッタンは、ニューヨーク州の南端に位置するわけである。

また、ＮＹ市は日本で言うとちょうど青森と同じ緯度にあたり、日本と同じように四季を持つ土地でもある。だが梅雨時期がほとんどない。日本でもよく言われるのがアメリカにあやかって『六月の花嫁』(June Bride)。六月というと日本では梅雨時期にあたりジメジメとした印象しかないが、このＮＹに来てみるとその言葉がよく理解できる。どちらかと言うと冬が長いＮＹだが、一年で最高の時期が五月、六月なのである。

赴任して一年目。二回目の冬になる九一年の暮は、今世紀最大といわれた積雪が続いた年でもある。ＮＹ市は、毎年の予算に除雪費用を計上しているが、この年は十二月までに除雪予算を使い切った程であった。

暮も押し迫ろうとしていたある日、仕事を終えてオフィスを出るとマディソン街は、四、五〇㎝の積雪に覆われていた。もちろん道路と歩道はすでに除雪がされ、歩けないことはないが車道と歩道の間に二ｍ程の雪山ができている。凍結防止のために撒かれた岩塩を踏み潰しながら、用心してグラセン駅への角を曲がった時である。巨大なダンプとショベルカーが何台も所狭しと、通りを動き回っているではないか。物凄いエンジン音を響かせて雪山を削り、ダンプの荷台に積み込んでいく。ダンプは何処からともなく入れ替わり立ち代りやってくる、とても日本では目にすることのない光景であった。こんなところにもアメリカの底力を感じてしまう。

アメリカは、訴訟の国である。歩道などの雪を除雪しないで、もし歩行者が滑ってけがをしたりすると市や町は訴えられることになる。NY市としては、補正予算を組んででも除雪した方が安くつくのかもしれない。

マンハッタンを訪れて、電柱がないことに気づいた人は何人いるだろうか。東京でもやっと共同溝により電柱が無くなり始めてはいる。一八八八年冬、マンハッタンは未曾有のブリザード・ストームに襲われた。この時、三分の二の電柱が倒れ、外界と遮断されることになった。この経験からマンハッタンでは、電柱を地下に埋めることを考え、実行に移したのである。

一九九一年一月。勃発した『湾岸戦争』を切っ掛けにアメリカ経済は一気に『Recession』（景気後退）に陥った。NY市の予算もジリ貧となり、それに追い討ちを掛けるように雪は降り続いた。当時、NY市長は初の黒人市長として有名なディンキンズ氏。就任当時、何かと期待も大きかったが在任中の四年間は、あまりにも時期が悪すぎたような気がする。その後、毎年のように降雪記録は塗り替えられ、一九九六年の冬まで続くことになる。

私は朝、出かける前に必ずケーブルテレビの『ウェザー・チャンネル』（天気予報専門番組）でその日の天気を確認して出かけることにしていた。雨が降っても傘などささないで歩くのがニューヨーカーと聞いていたが、現実はそんなことはない。雨が降れば傘をさすし、長靴を履いて通勤する人がほとんどである。ただし、会社で履き替えているようだが。こちらでは通勤時の靴と職場での靴を区別している人をよく見かける。この年、NYの流行として日本に持ち込まれたのが、OLが通勤時に厚手の綿ソックスにスニーカーを履くことだった。しかし、これは流行でもなんでもなく、例えば、グラセン駅から十ブロックほど離れていてもみんな歩くのである。歩いたほうが速いし、健康にもよい、そんなことから始まったものである。つまり流行と言うより、生活の中から自然に必要として生まれてきたのだ。こちらで生活していると、日本で意識されているような流行などあまりないように思うことがある。個性豊かな国民性があり、他人がどうであれ自分は自分、構わないのである。日本人は大半が個性に乏しく、右へ習えといった国民性に仕掛人がつけこんで流行を作り出しているような気がする。

雨が降っていると、ゴルフ場で使うような、とてつもなく大きく派手な傘や、骨の折れた折りたたみの傘など、一向に周囲を気にせず自分流で闊歩している人が多い。

雨や雪のシーズンに天気予報をチェックして出かけるのが私だけでないことを知ったのは、赴任して間もなくであった。雨の降り始めの頃にマンハッタンを歩いていると、ブロック毎の通りに黒人が立っている。と、いっても見るからにアフリカからの移住者と分かる人達が街角のあちこちに折りたたみ傘を何本も持って立っているのだ。柄の先が細くカーブした黒い傘を

かざしながら、

「ファイブ・ダラー、ファイブ・ダラー。アンブレラー」

と、聞き取りにくい英語で傘を売り付けてくるのである。彼らは、突然のドシャ降りには重宝な存在でもあるが、傘を買うならそれなりの覚悟も必要である。まず、彼らが言う「5 Dollar」で買うのは、観光客だけとも言われているぐらいで、ニューヨーカーは必ず値段の交渉を心がけている。私も一度買ってみたが、英語が得意でない私でも値段交渉にはそんなに時間が掛からなかった。$3.00 で交渉成立した傘は、帰国してからも暫く使うことができた。安い買物だったと今でも信じている。が、当りハズレもあるようなのでギャンブル好き（?）の方には、ぜひ一度お勧めしたい一品でもある。

ある日、雨が降りそうで降らない空模様だったが、傘を持たずに上司と外出した。長い間、NYに赴任している上司も、

「すぐに戻るから、傘はいらないだろう」

と、私を急かして事務所を後にした。仕事は順調に進み外出先から表へ出た時のことであった。突然の雨にタクシーを拾うこともできない。空きタクシーを捜しながら街角に目をやると、自

分は濡れながら傘をかざして売っている黒人を見つけた。上司は暫く考えて、

「仕方ない。ここで待っていろ」

と、黒人の方へ小走りに駆け寄って行った。会社へ帰れば立派な（？）傘があるが背に腹は替えられぬと、『五ドルの傘』を求めて交渉に臨んだのだ。長年この街に住んでいる上司は慣れたもので、見事その傘を二ドルで買ってきたではないか。

足元は雨の跳ね返りでスラックスの裾まで濡れている状態。振り返ると傘を売っていた連中は脱兎のごとく次の客めがけて走り去っていく。

「こんな傘は、二ドル以上で買うなよ。どうせ使い捨てぐらいにしかならないんだから」

と、自慢気に親切なアドバイスをくれる。以前三ドルで買った話をすると上司は、私に$3.00で買うのはまだまだ甘いと言いながらその折りたたみのジャンプ傘を開いた。

これでやっと濡れずにすむ。傘は勢いよく「バッ」と威勢のよい音を立てて開いた……と思った瞬間、ビニール部分はそのまま二m先の車道まで飛んでいってしまった。

上司の右手には無情にも、雨の雫が伝わる傘の柄が残っているだけだった。

Episode11　郷に入れば郷に従え

日本からやってきて、六ヶ月以上滞在する場合は、パーク・アベニューの四九丁目にある例のパチンコ景品交換所━いや失礼、日本総領事館へ届を出さなければならない。この届出を提出して正規に滞在している日本人だけで、二万人がいると言われている。更に観光名目で入国したまま、六ヵ月を過ぎても不法に滞在をしている日本人を合わせると約三万人は、アメリカの東海岸に住んでいるといわれていた。この数字を見ても、日本食レストランは、不景気のアメリカでも充分に商売をやっていけるというものだ。

マンハッタンには、一ブロックに一軒はあるといわれる日本食レストラン。日本人は、何処に行ってもやはり日本食に執着するのか、はたまたそうすることで常に日本と関わっていたいのか、とにもかくにも、どの店でも客のほとんどが日本人で、賑わっていた。私もそんな日本人のひとりのようだ。

週末、会社が退ける時間が近づくと必ず誰かがソワソワしはじめ、誰に言うでもなく、

「帰りに一寸行く?」

と右手でグイッと一杯引っ掛けるジェスチャーをする。NYへ赴任した当初は、

「ほんとうに、ここってアメリカ?」

と、不思議に思ったぐらいである。

「日本にいる時よりも日本人しているなァ」

と感じながらもその習慣（?）に溶け込むのに時間はそうかからなかった。


日本食レストランといっても、老舗的存在で格式をもった料亭風の店から赤提灯をぶら下げた居酒屋、ラーメン屋に立食いそばと、まあありとあらゆる形の日本食レストランがあちこちに点在する。『ピアノ・バー』と言われるクラブなるものも数多くある（これは、若い女性たちが踊りにいくクラブ（傍点部分、イントネーション上がる）ではなく、いわゆる『銀座のクラブ』的なものである）。そこには必ずといっていいほど『カラオケ』（Karaoke すでに英語になっている）があり、多くの日本人ホステスの中に混じってアメリカ人のホステスを雇っているところもある。高級クラブの中には、歌舞伎会の大物が彼女にやらせている店もあったりする。そんな環境の中で、日本人は遠い異国の地で互いの傷を舐めあうように、同じ赤提灯に集まってくる。

ある日、ひと仕事終えた安堵感と給料日が週末と重なったこともあり、ちょっと一杯ということになった。その日は早々に仕事を切り上げて、赤提灯に向かうことにする。席に案内され

るや否や、

「とりあえず、ナマチュウ」

と、もう六年以上もＮＹで暮らしている先輩。昔は瓶ビールがほとんどだったが、最近では日本と同様にジョッキの生ビールを出すところが増えてきたとも聞く。ビールが運ばれてくると、

「お疲れさーん」

みんなで一斉にジョッキを傾ける。隣の席でも同じ光景が繰り広げられている。日本のサラリーマンは、世界中何処へ行っても同じことをしているのではないだろうか。決して悪いことではないのだが、やはり異国の地ではどこか異和感を持ってしまうのは私だけであろうか。このような場面では、仕事の話に始まり、必ずゴルフの話に花が咲くものである。ＮＹに赴任している会社員のほとんどは、ゴルフをしているらしい。日本では、一度もゴルフをしたことがない人でも必ず始めるとも言われる。日本に比べると格段に安く、また気軽にできるからだ。

私もプライベートにゴルフをはじめたが、日曜日でも朝八時半頃同僚が電話で誘ってくる。

「暇ならこれから行かないか？」

「じゃぁ、ゴルフ場で」

もちろんパブリックであるが、予約もせずに乗りこんでもだいたい三〇分も待てばできると

いった具合である。

店の中を見回すと、いずれの席でも大同小異の話で居酒屋の売上げに貢献しているばかりのようだ。私たちのグループも話が盛り上がり、

「それでは次の店に行こうか」

ということになった。つまりは、二次会である。

日本のレストランといえども、勘定はテーブルで行う。もちろん、現金で払うことに問題はないがたいていはカードでの支払いになる。店の人にカードを差し出すと、専用の伝票に金額を書き込んでカードと一緒にテーブルまで持ってきてくれる。そこに自分で適当な額のチップを書き込み、合計金額を出して伝票の控えを自分で取って支払いは終了する。適当なチップというとだいたい一五％前後とは言われるが、合計金額に端数がでないように切り上げたり、切り捨てたりして計算をすることがコツである。私など、NY着任当初はまじめに一五％から二〇％ほどを端数まで計算していた。

しかし、クレジットカードの場合エピソード5で述べたように銀行からの自動引き落としではない。月末に請求書が郵送され『パーソナル・チェック』で支払えばいいのである。小切手の支払い金額は、数字ではダメで英語で書かなければならず、端数を出すと面倒くさいので

ある。また、日本のような通帳はないため残高を自分でつけることから、できるだけキリのいい数の方が計算しやすく、また間違いも少なくなるのである。

二次会は、やはり『カラオケ』といったお決まりのコース。

「うーん、NYにまで来て我ながら日本人してるーっ」

そして、日本人営業のカラオケ屋さんで飲んで騒いでいると、

「本当にここはNY?」

とトイレに立つたびに、つい考えてしまったものだ。

日付も替わろうとする時間に腰を浮かせて表へ出る。四、五人で飲んだ時は、通常ハイヤーを呼び一台に乗ってそれぞれの自宅まで順番に送って行くことが多い。ハイヤー会社は、マンハッタンの中に数社あり、韓国人が経営する会社が多い。電話一本で二四時間いつでも呼ぶことができる。日系企業のほとんどが口座を持って利用している。車種は、リンカーンコンチネンタルのセダンが多いが、人数がたくさんいる時などは、長さが六・六mのV8エンジンのストレッチ・リモを指定することもできる。もちろんタクシーよりも値段は高く、目安は一時間三五ドル（当時）くらいで計算すればよいのだが、会社契約（Company Account）をしていると現金を直接払うこともないし、チップも必要がない。

何故、このような高いハイヤーを利用するのかというと、一般のタクシーではとにかく運転が荒く、事故を起こすこともあり、安全の保障がない。ハイヤーだとその会社が責任を持つため、色々な面で安全なのである。

今日は、最後まで残っていたのが私と先輩の二人だけ。店の表に出ると、イエロー・キャブが何台か停まっていた。マンハッタンのイエロー・キャブ、つまりNY市公認の正規タクシーは、安くて便利だがなかなか遠距離には行かないのが玉に傷である。NY市内といってもマンハッタン区から外にはほとんど行ってくれない。もし、遠距離を行ってくれるキャブがあった場合、ほとんどが帰りの運賃まで『ダブル』で請求される覚悟をしておいた方がよい。

だが、今年は先にも述べたように湾岸戦争が勃発し、アメリカ経済はどん底。当然、タクシーも売上が少ないのか、日本のクラブ前にイエロー・キャブがまるで銀座か新橋のように客待ちをしていた。ほろ酔い加減で表に出たところで、黒人のタクシー運転手が片言の日本語で声をかけてきた。

「ドコマデイキマスカ」

こちらも酔っているせいか、冷やかし半分で喋りだすと、それ以上の日本語は知らないのか、同じ言葉を繰り返すだけだった。先輩は、その運転手に近づき何やら話をはじめた。暫くすると、先輩が手招きをして私を呼ぶ。今日は、プライベートでもあり、ハイヤーを呼ぶこともないため、先輩はタクシー運転手と値段交渉をしたのである。先輩は、何事も交渉と契約のアメリカで、すでにしたたかさを身につけたようである。郷に入れば郷に従えである。交渉は成立。先輩は運転手の足元をみて、遠方にも関らず、片道運賃とチップ込みで三四ドルに決めさせたようである。ハイヤーでは、通常私たちが住んでいる地域までは六十ドルくらいはかかる。私は、少し不安になりながらも同乗することにした。

このアメリカでは、色々なところで治安が悪いといわれながらも、どんな場面であっても一度契約するとそれだけは最低限守られることが、社会の底辺まで行き渡っている。やはり、契約がすべての国のようである。

Episode12　魅惑のバニー・ガール

アメリカの法律は、日本とは大分違ったところがある。特に都市においての建築法の考え方は、狭い日本では見習うべきこともある。

先にも述べたようにマンハッタンでは、ビルの敷地より歩道側（公道）の地下を約六フィートまでなら申請をすれば使用が認められる（ただし、ストリート側に限る）。また、地上では入口のアプローチとして、歩道の上にキャノピー（天蓋《てんがい》）を施すこともできる。ホテルでもアパートでもキャノピーの下を車道まで行って車を迎えるドア・マンを映画などでもよく見かけたりする。

グラセン駅の上に建つ、黒いガラスで覆われた高層ビル、ホテルの『グランド・ハイヤット』。ご存知の方も多いと思うが、このホテルは歩道の上に二階部分が飛び出して建っている。雨降り時などは、この下を通ると濡れずに済み、歩行者にとっては誠に便利である。この建物ができたのは約十六年程前になる筈だが、実はこの建物が公道である歩道の上を有効に利用してできた最初の例なのだ。それまでこのような建物はどこにもなく、ＮＹ市の建築局でもなかなか首を縦に振らなかったようだが、設計者とオーナーが腰を据えてがんばったのだろう、何とか認めさせたようである。

この建物の立地は、パーク街とレキシントン街に挟まれ、四二丁目に面しながらも西から東側へ緩やかに下っている。当然のことながら駅の上に建つホテルでは、日本で言うビジネスホテル的になってしまう。通りに面した一階部分は、既存の建物に挟まれて条件が厳しい。そこでホテルの顔となるレセプション・スペースを二階に配し、広がりを持たせるために歩道の上へせり出した。そこをラウンジ・バーにしてホテルの華やかさを演出している。苦労した甲斐がありこれでロケーションの悪さを補うことができ、ニューヨーカーにも親しまれるようになった。

このグラセン駅に近いオフィスに勤める私が、電車の待ち合わせ時間に初めてグランド・ハイヤットに連れて行かれたのが雨降りの週末だった。グラセン駅を通りぬけ、ブラック・ガラスの回転ドアを潜り三階まで吹き抜けになったエスカレーターでレセプション・エリアへ昇がっていく。エスカレーターの横には、大理石の階段と並行して水が流れている。二階までのエスカレーターを昇ると更に階段で、目指すラウンジ・バーへ向かうことができる。さすがにハイ

ホテル『グランド・ハイヤット』

ヤット（?）らしく、若くて綺麗どころの女性が迎えてくれる。その上ユニフォームが実に刺激的であった。バニー・ガール風なのだ。

「これはクセになるかもしれない」

と思いながら席に案内される。少し早いせいか客は疎らであった。当然、ロケーションの良い歩道にせり出した道路側に案内される。オーダーを取りにきたバニー・ガール（?）に注文をすると、しばらくしてミックス・ナッツと一緒にそれぞれの酒が運ばれてきた。当時で水割り一杯$5.00。おまけにミックス・ナッツはサービス。

「何と安いことか」

そんなことに感心しながらも同僚たちと暫く歓談をする。外は雨脚が強くなっていた。二杯目のグラスを傾け、少し酔いが回り出した頃であった。サイド・テーブルに置かれたスタンドのセードが何故か濡れてきたではないか。

「あれっ?」

と思いながらガラス張りの天井を見上げた途端、今までポタポタだった雫が突然滝のように落ちてきた。私たちは慌てて席を立ち、雨を避けたが、何故かみんな自分のグラスを片手に持っていた。すぐにバニー・ガールを呼んだ。席を替えてくれるかと思っていたら、やってきた彼

女は悪びれる様子もなく笑顔で、

「Oh・My・God」

と言いながら、私たちにテーブルの端を持ってくれという。言われるままにみんなで手伝う。何と席を横にずらしただけである。みんなが座り直すのを見て、バニー・ガールは笑顔で、

「Enjoy」

と、一言。

（後述）ウケを狙って書いたと思われる方は、ぜひ一度ドシャ降りの時に四二丁目のグランド・ハイヤットへお出かけ下さい。決して作ってはいません。ただし、修復工事はとっくに終わっているかもしれませんけどね。

Episode13　去るものは追わず

私は、海外赴任の一年前に、会社で募集した『ニューヨーク研修』に参加したことがあった。四ヶ月のNY長期出張から三年目のことである。

毎年行われているこの海外研修に私は応募を続けていた。だが本社人事は、出張で四ヶ月も住んでいたという理由から私を外していたらしい。私にしてみると四ヶ月住んでいたとは言うものの、仕事の連続にほとんど探訪をすることなく過ごしたため、仕事を離れて遊び感覚で改めて行ってみたかったのである。強烈な印象を受けたNYである。私はしつこく応募した。ちょうど地方の事務所に単身赴任して二年目のことであった。

今年は、ちょうどインテリア・コーディネーターのスクールから講演会を依頼されていたこともあり、最新のニューヨーク事情のネタ探しもしたかった。だから今年こそはと、急ぎ小論文を本社人事に郵送しての応募だった。小論文による第一次審査をパスすると第二次審査の人事面談がある。だが地方にいると、わざわざその研修如きの面談のために東京まで呼び寄せたりはしない。そんな経費を使うほど会社は甘くないことも分っていた。半ば諦めての応募だった。ところが今年に限って本社人事は、電話での面談（?）を突然行ってきた。

やっと海外研修に参加することができた。今度は、研修旅行という形で気楽にNYを再見聞することができる。ただし、NYはこれを最後にしようと思った。次からは『ヨーロッパ研修』に応募し、見聞を広めてみようと考えていた。

研修は、NY三泊四日、サンフランシスコに二泊三日の合計五泊七日の旅行である。

当時は、マンハッタンの中でもウォール・ストリートを中心にしたダウンタウンの西側で再開発が進んでいた。新ウォール・ストリートと呼ばれる『ワールド・ファイナンシャル・センター』が完成間近になっていた。四つの建物から成り、アメックスやメリル・リンチ証券などの大手企業が入居している。四棟の建物はそれぞれ窓の面積比率が異なるがこれは建築の歴史をデザインに取り入れたものである。

時代の流れか、高さこそないがポストモダンを駆使した建築群で、三年前に始まった再開発は世界中の建築家の目を引き付けたものである。更にこの四棟の中心には、総ガラス張りの『ウィンター・ガーデン』と呼ばれる巨大なパブリック・スペースがある。この建物をコピーしたものが東京の芝浦にもある。大きさこそ比較にならないが、大手ゼネコンが入った『シーバンス』である。

この東側に、映画『キングコング』（もちろんリメイク版の方であるが）でも有名なＮＹのランドマーク『ワールド・トレード・センター《WTC》』が位置していた。

『ワールド・トレード・センター』は、日系人の建築家『ミノル・ヤマザキ』の設計により一九七七年に完成したツイン・タワー。一辺が五〇ｍ強の四角い箱は、柱のない広い空間を作りだすため、中心部にコアを設け、重量のほとんどを外壁で支えるといった新しい構造設計で四一一ｍもの高さにおよんだ。強化アルミによる工法で超モダンな一一〇階建てのビルとして登場したものだ。

　だが残念ながら今はその雄姿を臨むことは不可能となってしまった。本編を執筆中、予想だにしなかった出来事が起こってしまった、二〇〇一年九月十一日《米国同時多発テロ事件》。皆さんの記憶も

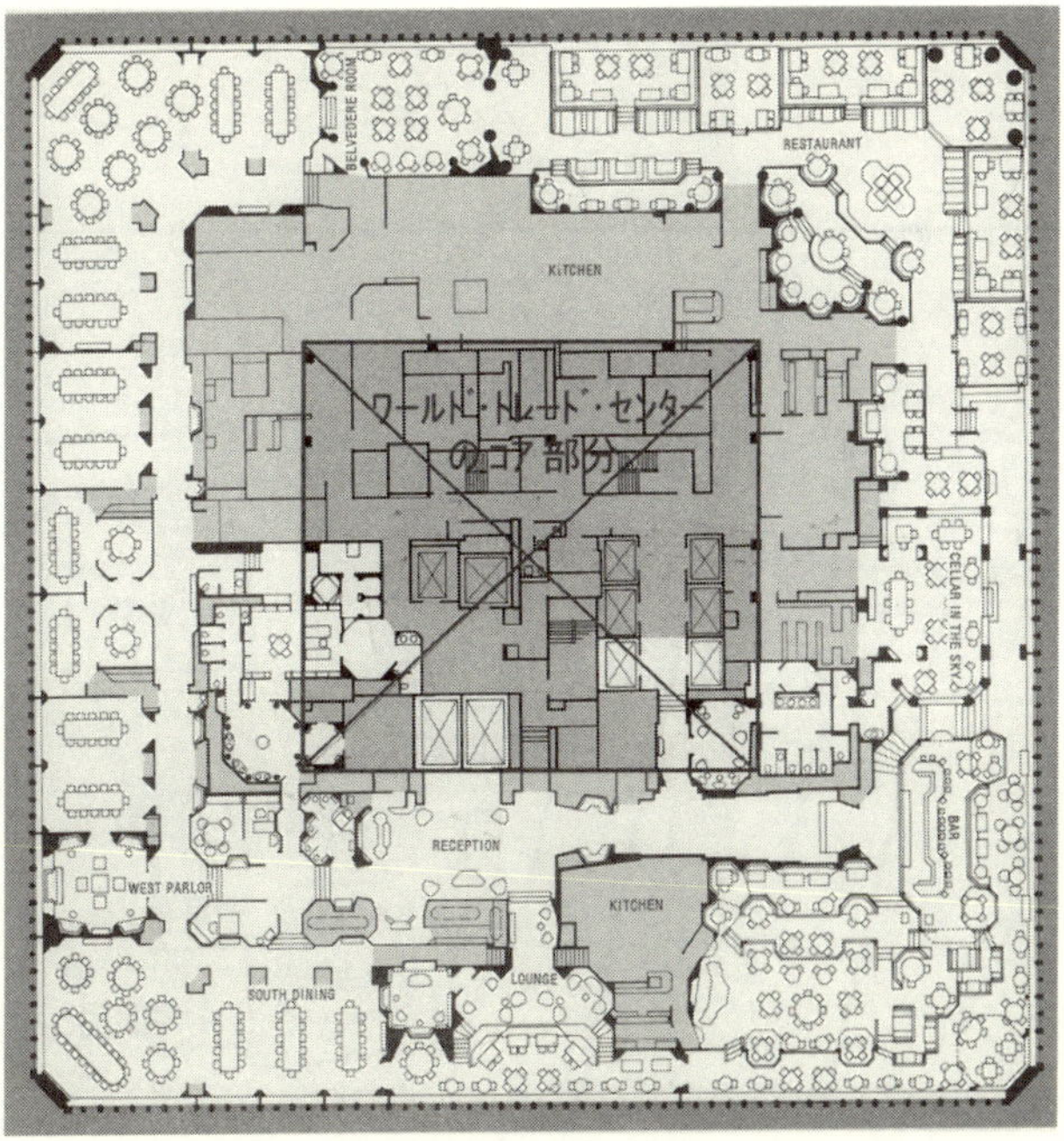

レストラン『ウインドー・オン・ザ・ワールド』
トレード・センターの構造を生かした全方位型の３５０席

新しいと思われるが、私には人一倍のショックがあった。

　夜十時のNHKニュースで冒頭にライブ映像が映し出された。『ワン・ワールド』と言われるノース・タワーに小型飛行機らしいものがぶつかったとの報道である。アメリカ報道機関によるヘリコプターからの映像は、北側に位置したため、僅かにツイン・タワーがわかる角度でほとんど一本のタワーに見えていた。だが、放送から三分後画面の右側から旅客機と解かる機影が画面上の後ろに隠れた『ツー・ワールド』に激突するといった前代未聞の生中継を目にしてしまった。そして最初の激突から四十数分後、いとも簡単に崩れ去ってしまった。

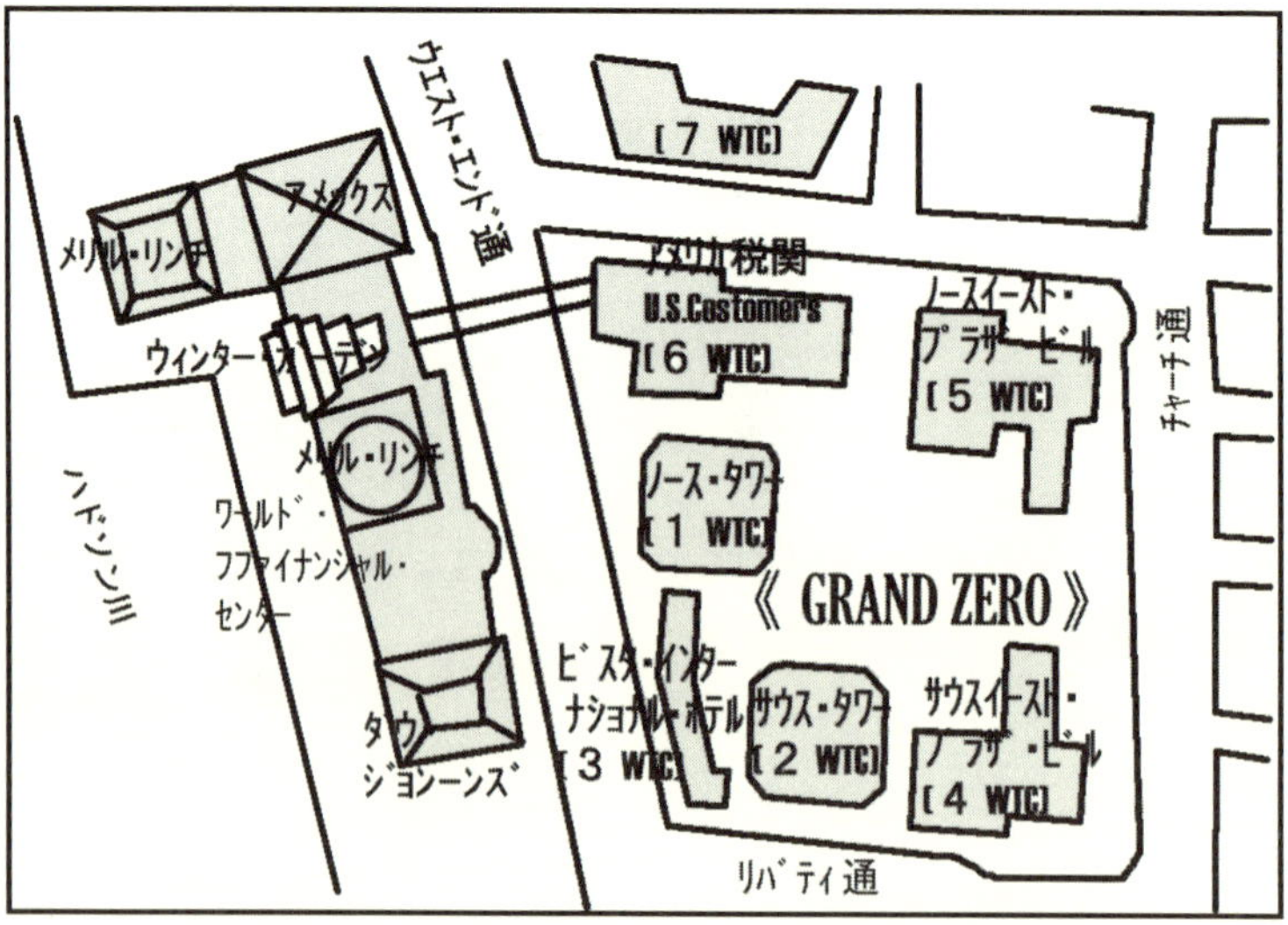

2001年9月までの世界貿易センター（World Trade Center）

まるで廃虚ビルを爆破解体でもしているかのような光景だった。
ＮＹの象徴であった四一一ｍのタワーは今や、『グランド・ゼロ』と変わり果ててしまった。

四ヶ月の長期出張の最後に送別会として食事をしたところが、当時ワン・ワールドの一〇二階にあったレストラン『ウィンドー・オン・ザ・ワールド』であった。もちろんその他にプライベートで数回屋上で展望を楽しんだり、仕事で何回も脚を運んだ場所でもあった。地下一階からの展望用高速エレベーターは、大型にも関わらず分速四八〇ｍ昇降するのだが、ガタガタと音をたて揺れながら進ん

Photo :『DINING BY DESIGN』by CHANERS PUBLISHING COMPANYより

One World Trade Center（北側）１０２階にあったレストラン
この景色、今では伝説のものとなってしまった。

でいく。今の日本の技術ではとても話にならないような代物だが、そこがアメリカらしいところでもある。

『THE BRIDGE』の異名で一八八三年に完成した『ブルックリン・ブリッジ』の袂に展開し、ウォーター・フロント再開発で成功を収めた『サウス・ストリート・シーポート』は、一九八三年にNY市とラウス社が協力し、第一期工事（フルトン・マーケットとシーポート・ミュージアム）でNY観光の目玉となり、一九八五年に第二期工事を行い『ピア一七』を完成させた。当時の総面積三五〇〇坪、店舗数一二〇店を納めるまでに至っていた。NY市の観光スポットとして、一世を風靡することとなる。

この『ピア一七』の脇をNYの都市高速道路『イースト・リバー・ドライブ・ウェイ』通称『FDR』（第三二代アメリカ大統領フランクリン・デラノ・ルーズベルトの略。彼は、ハドソン川東岸のハイド・パーク生まれである）が通っている。このFDRは、自動車専用道路であるが私はここを一九八六年の七月四日に歩いたことがあった。そう、四ヶ月の長期出張の時である。別に仕事が忙しすぎて自殺でもしようと考えていた訳ではない。『自由の女神一〇〇年祭』を記念しての大花火大会や艦船パレードが行われることになり、このためFDRを通行止めにして市民に開放したのであった。FDRもブルックリン・ブリッジもすごい人、人、人。東京墨田川の花火大会もなんのそのといった感じで場所取りにはかなりの時間をかけたものである。

この日、七月四日の独立記念日は、サマータイムで夜の九時を過ぎてもなかなか暗くならず、一向に「ドォーン」と聞こえてこない。だいたいにおいては待たされても平気なアメリカ人でさえさすがに業を煮やした感があり、騒ぎ出す若者たちが道路のあちこちに増え始めた時である。待望の一発がやっと上がった。夜の九時五五分である。それが上がるや否や陽気なアメリカ人の歓声たるもの花火の音よりもすごいものがあった。一発上がるごとに高架道路が揺れる思いをした。この道路、実はかなり古いものでいつ壊れても不思議ではないとも言われている。私は、周りの歓声に圧倒され本当に落ちるのではないかと思ったほど、彼らは陽気な人種であった。

このイースト川の上流に『クィーンズ・ボロ』という橋がある。五七丁目からクィーンズ区に架かり、途中のルーズベルト・アイランドへのトラム（通勤用のロープ・ウェイ）が並行している。この橋もなかなか見応えがあるが、二百年近く経っていることから何時壊れてもおかしくないと言われていた。しかし、財政難のNY市は橋の架け替えをする予算がないまま現在に至っている。もし通行中に橋が落ちるような場面に出くわしても、それは『アン・ラッキー』ということで終わってしまいそうである。

このNYは、世界有数の都市であることは言うまでもないが、昔から都市として発達するためには条件があることをご存知だろうか。よく言われているのが、①海、②港、③河、④橋、そして⑤坂道の五大条件である。この五つの条件が揃った街は都市として栄えてきたものだ。世界中で発展した都市を思い浮かべてほしい。

この研修旅行では、NYのほかにサンフランシスコで二泊する予定が組まれていた。が、研修の一ヶ月前にサンフランシスコ近郊で地震が起きてしまった。このために後半の予定はロス・アンジェルスに変わってしまったのだ。

しかし、ホテルも研修の場所もロスに変更されてはいたが、アメリカを出国するための最終フライトだけは、変更ができなかったようであった。そこでロス最終日。予定を無事に終えながらもサンフランシスコを夕方発つ飛行機に間に合わせるため、最初の予定よりひとつ余計に国内線に乗らなければならなくなった。サンフランシスコでの乗り継ぎの時間は二時間程あると言う。それを聞いて免税店での買物を予定している仲間も一安心というところであった。ところが、その国内線が遅れてしまった。ロス・アンジェルス国際空港を遅れて飛び発ったのだ。サンフランシスコ国際空港に着くと添乗員は、大慌てで国際線の乗り継ぎカウンターに走って行く。乗り継ぎロビーで待っていると添乗員が戻ってくる。

「皆さん、よく聞いてください」

大声で言う。

「私たちが乗る予定の飛行機まで、あと二十分しかありませんのでこれから国際線の搭乗口まで走ります。はぐれないようにして下さい」

と、同時にそれぞれに手荷物を持った四十名近い団体が空港の中を一斉に走り出した。その一群を見て何事かと振り向く者、慌てて道を空ける者と、とにかく私たちは人目も憚らず国際線の搭乗口を目指して走る、走る。機内の座席に着くと同時に飛行機の扉が閉められた。飛行機は、予定通りに機体を夕日に向けて飛び発った。

みんなが一息ついたところで何やらガヤガヤしだした。時間がなかったために最終の出発地でしか買うことができない免税品が何一つ買えなかったと言っているのである。機内の免税品はご存知の様に上位クラスから販売が始まる。私は、エグゼクティブ・クラスの販売が終わったところで立ち上がり、機内アテンダントに予約を頼み込むことにした。最後尾に近い座席では到底売り切れそうな気配を察してのことである。美人のアテンダントは最初渋っていたが何とか承知してくれた。お陰で私は免税品を手にすることができたが、研修仲間には購入できなかった人が数人出てしまった。機内で販売する免税品は、予想どおり完売状態となってしまったのである。最近では、売れ残る方が多いと聞くが……。

そんな仲間の買物の心配をよそに私は、フッと気づいた。日本では、出国時も入国時も通関で審査され、パスポートにしっかりスタンプを貰うが、この飛行機に乗るまでロスから一度たりともイミグレーションを通っていないのではないか。

「おいおい、これでいいのか？　本当にアメリカを出国したのかぁ？」

一人不思議に思いながら添乗員に尋ねてみることにした。

アメリカの場合、入国者については、テロリストの件もあり、ブラックリストとの照合など厳重に審査を行うが、出国にあたっては『去るものは追わず』的発想で機内持ちこみの身体検査だけだという。至極、単純な話であった。

Episode14　お客様はカミサマ

一人でのアパート暮しにも慣れてきた私は、週末に時間があると隣駅である『ドブス・フェリー』（Dobbs Ferry）の町まで行くことがあった。この町は、ロバート・デ・ニーロとメリル・ストリープによる、映画『恋におちて』で舞台となった所でもある。つまり、私がどう言った所に住んでいたのか、どのような電車で毎日通勤していたのか知りたい方は、この映画をご覧下さい。

さて、この隣町には『グランド・ユニオン』（Grand Union）という、スーパーマーケットがある。もっともこのスーパーも我が町へイスティングスの『A&P』と同じですでに米連邦破産法第十一条（通称、Chapter11）の申請を一九九五年と九八年そして二〇〇〇年十月と三回も行っている。

実は、このグランド・ユニオンの隣にあるガソリンスタンドが比較的安いこともあって、給油のついでに出かけていくのであった。だいたい給料日前の話である。給料日から最初の週末ともなれば日本食材を求め、『ヤオハン』まで行くこともあった。ハドソン川を挟んでマンハッタンの対岸にあたる、ニュージャージー州にある日本のスーパーである。この『ヤオハン』へ、『ジョージ・ワシントン・ブリッジ』を渡って初めて買物に行った時のことである。中に入ってフッと思った。

「本当に、ここはアメリカ？」

ここでも疑問を抱きたくなるほど、まったくの日本式のスーパーマーケットである。

やはり値札は極端に言うと¥マークを$表示に置き換えたようなもの。つまり、為替の分だけ割高感がある。最初に行った本屋と同じである。このヤオハンで買物をすると大型の紙袋

（ペーパー・バッグ！）三個ぐらいですぐに一〇〇ドルはいってしまう。このくらいなら車のトランクに余裕を持って積むことができる。

品揃えもさることながらフード・コートには、ラーメンにたこ焼きと揃っている。在米日本人のオアシス的存在なのかもしれない。ここが日本ではないことを意識させるのが唯一、窓の向こうにマンハッタンが見えることぐらいである。

生活を重ねていく内にコミュニティーが広がっていくと、買物をする場所も段々と広がっていく。同じスーパーマーケットでもイタリア人が経営する店では、魚などの鮮度がよく、安いことを知る。中には、東京六本木にある魚屋さんの出店《でみせ》まである。活き作りの刺身も食べられるのである。

そんな中『Stew Leonard』という、スーパーマーケットがあることを教えてもらった。自社で経営する牧場を持った、コネチカット州のスーパーマーケットである。場所は『ヤオハン』と逆方向になり、ヘイスティングスから車で一時間程北になる、コネチカット州ノーウォーク（Norwalk）にある。この町までは、距離にして一〇〇㎞弱。もちろんフリー・ウェイやパーク・ウェイを走ってのことである。ここはロングアイランド海峡の北側に位置することから漁業の中心地として栄え、かつては『世界の牡蠣の都』と呼ばれていた町でもある。この町の沖合に一九九一年秋、超特大の嵐がやってきた。そう、映画にもなった『パーフェクト・ストーム』である。

この『Stew Leonard』は小売業界でも、店舗コンセプトなどで知る人ぞ知る、小さな町の小さな店である。店舗設計やインテリア・デザインなどでは、普通にあるスーパーマーケットとは一線を画している。さほど大きくもない敷地に駐車場を含めて店舗が効率よくプランニングされ、なかなか凝った店造りをしている。入口から集中レジのある出口まで一方通行で買物

Stew Leonard

をして行く。そのためのＭＤ（マーチャン・ダイジング＝商品計画）は見事といっていいほどの構成と演出である。

まずは、入口で穏やかな顔をしながらも、私に対して、

「写真撮影は、ダメ」

と、厳しく注意するセキュリティー。（と、言うことで内部の写真はないのだが……）

彼の横を抜けると、並んでいるのはパンと乳製品である。それぞれに工場をガラス張りで見せ、焼きたてのパンや牛乳の瓶詰めまでを見せる演出で鮮度を見せつけている。次に加工ものの乳製品や粉類となっていく。商品群の壁面を使って、キャラクターの人形が音楽に合わせて踊る仕掛けが目を引く。まるでテーマパークにでも来たような演出になっている。イメージとしては、ディズニーランドのカントリー・ベア・ジャンボリーのようだが、ディズニーほどのアニマトロニクスではない。それでも子連れの主婦は立ち止まる。小さい子供がこれにはまっている間に母親は近くの必要な商品をゆっくり見ることができる。

このような仕掛けが要所要所にあるといった具合。ただし、必要もない商品のところでも子供たちは引っ掛かってしまうので要注意。更に進むと、生鮮三品へと続く。肉売場では左側に並んだ冷蔵ケースに肉のブロックが所狭しと並んでいる。もちろん、パウンド表示だが実にこ

れが安い。ステーキ用なら一枚二五〇gぐらいの肉が六、七枚は取れそうな塊が$40.00以下で売っている。そのケースの先には長いまな板が並び、五、六人の威勢がいい板さん（?）がいる。そこへカートに積んだ肉の塊を運んでいくと、

「B.B.Q or Stake」

と、聞いてくれる。素早く余分な脂身を切り落とし、好みの厚さにカットしてくれる。これがなかなかのパフォーマンスで見応えがあり、楽しませてくれる。切り落とした脂身も料金の内だから持って帰りたいところだが、彼らは平気でバケツへ捨てていく。ただし、しゃぶしゃぶ用の薄切りはできないので決して無理を言わないこと。

鮮魚コーナーも同じである。魚介類などはパウンド表示の量り売りだから、慣れないとつい買い過ぎてしまうこともある。メートル法を採用していない唯一の国アメリカでは、この単位（パウンド、ガロン、マイル、フィートにインチ）が生活に溶け込み、感覚としてつかめるまでには、それなりに時間を要することをここで付け加えておきましょう。

次の惣菜売場では、もちろん『Tasting』（試食）ができ、色々な物を調理して売っている。アメリカ人は、元来パーティー好きだと聞いているがここへ来ればスティック野菜類から使い捨ての紙皿にプラスティック製のカトラリーまでを揃えることができる。

野菜コーナーでは、季節になるとスゥイート・コーンが山と積まれ「持ってけ、ドロボウ」的に十本でたったの$2.00。その横には、ダンボール箱にコーンの皮が散乱しているのだ。レジの手前には、美味しそうなケーキがケースに並んでいる。だが、これには手を出さない方が賢明だろう。量は多く、値段も安いが、まるで砂糖の塊といった代物である。そう言われてもなかなかピンとこない方は、一度試された方がいいかもしれない。

買物が終わるといよいよレジでの清算を強いられる。当り前の話ではある。が、ここでは買物の合計が$100.00を越えると、そのレシートを外にある、アイスクリーム売場へ持っていけば店自慢のフローズン・ヨーグルトが貰えるのである。カップなら2オンスまたはコーンのシングルが貰える。これがなんとも絶品なのである。夏でも冬でもこれをGetするために買物をがんばるのである。私がわざわざここまで買物に来る理由がお分り頂けたかと思う。実はこれにハマってしまったのだ。

ここで$100.00の買物をすると、大型の紙袋で七~八袋ぐらいにはなり、車のトランクだけでは納まらず後部座席まで占領することになる。

もうひとつこの店には、大事な特徴があった。店の入口と出口の間に、大きな石にエッチングされたものがある。まるで石碑のようだが、そこには店の三ヶ条が記されている。いわゆる店是にあたるものだ。

一、お客様が言うことは絶対に正しい。

二、もし、お客様が間違ったことを言った時は、一、を見なさい。

三、それ以外のルールはありません。

これらが石に掘り込まれているところにこの店の決意が伺える。

「お客様は神様です」は、日本の専売特許と思っていたが、認識を改めることになってしまった。

Episode 15　Ceremony(2)

プロジェクトの現場では、二フロアー分の鉄骨を継ぎ足す形で徐々に全体の骨組みができ上がっていた。街行く人も足を止めて見上げたり、写真を撮る人もいた。

長くて寒い冬も終わり、新緑に清々しい風がそよぐ九二年六月、最後の鉄骨を組み上げる日がやってきた。日本で言う、上棟式にあたるものだがアメリカでも同じものがあった。『Topping Out Ceremony』というものである。これは、事業主が現場の労働者たちを労う意味で行う儀式である。

この準備と予行演習のため、私は二十階以上まで伸びたクレーンに昇ることになってしまった。九階部分より上層階はセットバックしており、そのテラスからクレーンは空へ突き出していた。良く晴れた日だがビル風が強い日でもあった。二〇階までは、作業用のフレート・エレベーターで上がることができるが、そこから先は階段で上る。床はデッキ・プレートを張り終えているが後は鉄骨の骨組み状態に風は直接吹き付けてくる。

「ミスター、こっちへ渡って来いよ」

仲間のスーパー・バイザーがクレーン上から手招きしている。クレーンは、建物より二メートルほど先にある。そこに行くには、細い板を渡しただけの足場を渡らなければならない。下から見上げるより見下ろす方が遥かに高さを感じる。身体が大きいアメリカ人は大股に二、三歩で渡ってしまうがびびる私の足は大股に踏み出そうとしない。一歩踏み出して下を見ると、血の気が引いてしまう。若い同僚がいとも簡単に先に渡ってしまった。

「Come on!」

ニコニコしながら催促する。アメリカ人の手前、大和魂（?）を持つ日本人としてここはひとつ渡って見せなければならない。と、思ってはみるがどうにも一歩踏み出せない。片手には、ビデオカメラを持ってのことである。

「Come on!」

スーパー・バイザーが片手を伸ばして再び催促してきた。手をいっぱいに伸ばして勇気を絞って踏み出した途端、一瞬空中に浮いたような気がした。が、手はしっかり握られていた。

五番街の真上にいる感じで、なかなか味わえる風景ではない。セントラル・パークもワシントン・ブリッジもすべて見渡せた。

『セントラル・パーク』（Central Park）は、NYのオアシスとして、一八五七年にウイリアム・ブライアントとアンドリュー・ダウニングによって設計された人工の公園である。総面積は三・四一平方㎞でマンハッタン島の一八分の一になる。五番街から八番街までの東西八〇〇m、南北は五九丁目から一一〇丁目までの四㎞にもおよぶ。一八五九年当時で五〇〇万ドルをかけて、一八七三年に完成したものである。

セレモニーの本番当日には、最後のH鋼にサインをする。それぞれに思いを込めて一人一人がサインをする。この鉄骨は、ビルが五番街にある限り永遠に残るのである。サインが終わると白く塗られたH鋼は、歩道からゆっくりとクレーンで吊るし上げ、最後の梁として最上階に取り付けられる。その鉄骨には、日の丸と星条旗が風に靡いている。この様子は、地元フジTVも取材に来ていた。

七階に設けられたパーティー会場では、会社が運営するレストランがロングアイランドからきて、寿司やステーキの屋台で職人たちに食事を振舞っていた。

こうして順調にみえたプロジェクトも日本から様子を見にやってきた、担当役員の一言により完成予定が大幅に遅れることになる。

元々、このビルの計画は先にも述べたように、地下を機械室とし、一階にグリーン・ショップ、二階には新進アーティストを発掘するためのギャラリーを設け、三階から五階までにリテーイル・ショップを展開し、六階は日本からのツアー客用の土産物フロアーとしていた。

更に八階から十二階までを各ディヴィジョンの事務所とし、そこから上はテナントを誘致するオフィス・フロアーの計画であった。

二〇階と二一階のペントハウスは、会社のゲストハウスとしていた。このフロアー構成は、地元のマスコミや評論家の間でも興味津々となった。五番街の目抜き通りにありながら、路面部分にリテーイル・ショップを設けないとは前代未聞と話題になっていたのである。

この細長いビルの中には、オフィス用と店舗用に三基のエレベーターがあり、更に二方向避難用の階段を二箇所設置しなければならなかった。また、ハンディキャップ対応のトイレは、車椅子が回転できる広さを確保しなければならない。残った部分での店舗展開は決して条件の良いものではない。そんな中で担当役員からは地下一階も売場にするよう設計変更がでた。その上、地下へのアプローチとして、エスカレーターも検討しろとのこと。工事を止めるわけには行かないが、とりあえず機械室を地下二階へ移し、その配管設備が可能かどうか検討をはじめた。すでに地下の一階と二階は区画割りとブロックによる部屋ができ上がっていたがブロックを壊しては造り直すといったことを繰り返すことになってしまった。さすがにエスカレーターの設置は不可能だったが、機械室として設計されていた地下一階は、天井の階高は低いものの何とか成立させることができそうだった。機械室や配管、配線といった通常目に見えない設備面からの設計もやり直し、構造計算も一部やり直すことになってしまった。

予算も膨れ上がる一方である。更に再計画の承認は、本社での常務会承認が必要となり、担当者は何度も太平洋を行き来することになった。

オープニングは当初の計画より半年遅れとなる見通しとなった。

Episode 16　列車は止まった

私は、この十三年間でありがたい（？）ことに六回もの辞令を会社より拝命してしまった。

つまり、その数だけ引越しを余儀なくされ、いつのまにか転勤族になってしまっていた。この経験から生活環境が変わると仕事場においても、私生活においてもそれなりに生活が一巡して慣れるまでに最低六ヶ月から一年間はかかるものと思っている。

NYの生活にも少し余裕が出てきた頃、英会話学校を探すことにした。マンハッタンの中には、数多くの英会話学校がある。英会話学校といえば、日本人の専売特許かと思っていたが、それはとんでもない誤解だったことをこちらに来て知った。元来、移民の国として成り立ってきたアメリカでは、このマンハッタンだけでもおよそ一四〇ヵ国以上の移住者がいる。それぞれにコミュニティーを形成し生活を確保しているが、彼らとて向上していくために少しでも良い仕事に就くことに余念がない。

その昔、マルベリー通りでイタリー語、三番街の東側ではドイツ語、グリニッジ・ヴィレッジはハンガリー語、その北側ではチェコ語、キャナル通りの南側はアイルランド語、モットー通りで中国語、そしてブルックリン・ブリッジ周辺ではギリシャ語などなどの言語が飛び交っていたと言われる。

しかし、アメリカ社会で生活を向上し、地位を築いていこうと思うとまずはきちんとした言葉使いができないと良い職にも就けないため、みんな必死に英会話を習おうとする。だからなのだろう、マンハッタンには英会話学校が数多くあり、企業としても成り立っていた。

さて私の場合、仕事には就いているもののやはりNYで生活をし、現地の人たちとうまく仕事をしていくためにも英会話は必須条件である。そこで学校を決めるにあたって現地のスクールも覗いてみた。当然のことながら日本語が解るスタッフなど一人もいないところばかりである。しかし、日本人経営の学校に比べて半分ほどの費用で済むのである。後で気づいたことだがこの時、思いきって日本語が通じない学校に入学していたら私の英会話力はもう少し上達していたのではないか。なまじ日本語など通じない方が甘えも出なくて必死になるものである。日本人の悪い癖であった。

NYで生活する場合、二通りの方法がある。

一つは、毎週日曜日に分厚いニューヨーク・タイムズ新聞を買って一週間かけて必死に読み、テレビでCNNのニュースと『ブロック・バスター』でレンタル・ビデオ（当然、日本語字幕などない）を毎日観て過ごす、NYエンジョイ型。もう一つは、読売新聞衛星版を毎日読んで毎朝七時から九時までのWNYCの日本語放送（もちろん、英語の字幕放送になっているが、つい映像に見入ってしまう）と日本の地上放送番組の海賊版をレンタル・ビデオしてくる、日本郷愁型。

私は、会社から三ブロック離れた、薄汚れた安ビルに構える学校を見つけて通うことにした。決定の理由は、日本人が経営する学校の中でも比較的安い授業料と担当のパートナーが私と同年代ということだ。パートナーの名前は、ボブ。小太り気味の彼は気のよさそうな男であった。それに会社からも近く、グラセン駅にも近かったのである。毎日使う通勤電車のハドソン線は、オフ・ピーク時は一時間に一本しか走らなくなる。通勤のピーク時間帯でも三十分に一本しか走らない。そこで、ちょうど良い時間帯に授業が組めたこともあった。

とりあえず一日置きの月、水、金で週三日、三ヶ月通う契約を済ませ、仕事が終わって午後七時から五〇分間の授業に果敢(?)に挑戦することにした。実は、帰りの通勤電車が一九時五三分に出るのがある。その後はオフ・ピークとなり次の電車では、アパートに帰りつくのが二二時近くになってしまう。アメリカでは電車など時間通りに動いてないということを日本で聞いていたが、とんでもない誤解であることがこちらに来てみて解った。私が三年間暮らす間、電車はほとんど定刻(On time)通りの運行であった。最初の内は舐めてかかっていたため、少々遅れて駅に着いてもちゃんと乗車できるとたかを括っていたが、それで何度か乗り損なったことがある。

ボブは、テキストを基に丁寧に教えてくれる。回を重ねて互いに気心が知れてくるとテキスト以外の色々な話もするようになった。時々、調子に乗ると「彼女ができない」とか「こんな料理を作った」などと自分のことを一生懸命話してくれる。これには、授業料以上のものがあり得した気分にもなる。

ある日のこと。仕事が終わってやたらと疲れていた私は早くアパートへ帰りたかった。しかし、今日は英会話の予約日。当日のドタキャンは、一回分の授業料がペナルティとして発生してしまう。もし、七時五三分発の電車に乗り遅れるとグラセン駅のバルコニーにあるバーでビールを飲みながら次の電車まで待たなければならない。気分的に余裕がある時は良いものだが、今日はとてもそんな気分ではなかった。その上、不景気で夜の八時を過ぎて通りを歩いているのは、日本人とホームレスだけだと言われていた頃である。湾岸戦争を切っ掛けに社会全体が暗く、夜のグラセン駅には黒人が物乞いのための紙コップを持ってウロウロしていたのである。

しかし、貴重な授業料をパァにするのももったいない、なにせ会社に借金をしている身である。私は意を決して、英会話学校に向かうことにした。そこでボブに会うなり、

「今日は大変疲れているので少し早く終わってくれないか。五分間サービス（?）してあげるから」

と話した……つもりだった。が、彼には通じていなかったようだ。いつになく自分のことを話

してなかなか終わってくれない。時計を気にしながら話を聞いていると、ボブがやっと切り上げてくれた。時間は、七時五一分。私は、挨拶もそこそこに学校を飛び出した。間に合わないことは目に見えていた。だがひょっとすると思い、走ってみた。

マディソン街に出ると車の切れ目をぬって斜めに横断する。クラクションが鳴るのを背中に聞きつつ四二丁目通に向かった。しかし、さすがに四二丁目通りは双方向道路だけに信号を待つしかない。横断用信号が『DON'T WALK』から『WALK』に変わると同時に飛び出し、駅に飛び込んだ。腕時計を見ると七時五三分より気持ち手前に長針があるような気がした。駅のスロープを駆け下りながら地下一階のコンコースに出る。切符売場の上部にある大きなタイムテーブル板を横目で見ながら自分が乗る電車のトラック（日本でいう、ホーム）番号を確認する。地下二電車は比較的オンタイムで運行されているが乗り場のトラックは毎日変わるのである。地下二階のトラックだったら完全に間に合わない。だが、今日は運良く、同じ地下一階のトラック四〇番であった。私はなおも走る。こちらの駅は改札口などなく、車内で車掌がチェックをするシステムだから急いでいる時などは便利であった。人を避けながらトラック四〇番に飛び込んだ。

が、電車は無情にも三〇メートル程トラックを滑り出していて、安全のために窓から顔を出していた車掌が車内に引っ込むところだった。私の口からは今にも心臓が飛び出しそうになっていた。私はバクバクしながら肩で大きく息をし、頭にきて、

「バカヤロー」

のつもりで、

「Hey」

と大声で叫んでしまった。自分が勝手に走って間に合わなかっただけのこと。電車が知ったことでないことは百も承知である。だが、こういったとき人間は解っていても叫びたくなるものだ。膝に手をつき大きく息をしながら顔を上げると、なんと電車が停まるのが見えた。

私の頭の中に一瞬『?』が点灯したが、最後尾の車掌用扉が開き、車掌がこっちを向いて手招きしている。私は、再び走り出した。駆け寄ってくる私を見て、車掌は扉を開けてくれた。私は、

「Thanks a lot」

と礼を言って最後尾から電車に乗り、前方の車両へ向かって席を探しながら歩き出した。こういった状況では、折角走り出した電車を停めたのが私だと判ってしまう。大勢の乗客の視線が私を刺す。日本では絶対にそうであり、バツが悪い私は赤面をしながら進んでいくしかない。

だがそうではなかった。そのような視線はどこにもない。

そう言えば、車掌もお礼を言った時、

「You are Welcome」

とまで言ってくれたではないか。乗客の中には、急いでいる人もいた筈である。今の日本では絶対にあり得ないことだ。善い国民性だなぁと、つくづく感心してしまう。

この後、私は帰国するまでに二回ほどこの手を使ってしまった（アメリカ国民のみなさんゴメンナサイ）。

Episode17 NYは渋滞中

時々、マンハッタンへ車で出かけることがあった。ルートは、マンハッタン区の高速道路で東側を走る『FDR』か、西側を走る『HHP』（ヘンリー・ハドソン・パークウェイ）のどちらかを走ることになる。HHPへは、有料の橋を渡るか、一般道路のブロードウェイしかないが、FDRの方は数多くの道があり、橋がある。だが、どの道も時間的にはさほど変わりは

グランド・セントラル駅

ない。

ＮＹ市は恒常的に財政が厳しいのか、それとも唯のケチなのか分らないがマンハッタンから外に出るときは、トンネルも橋もお金は取られないが、逆にマンハッタンに入ってくるときは、ほとんどの場所でお金を徴収される。私はマンハッタンに入るだけでお金を払うのを、ばからしく思っている方である。それに有料の橋を通ったからと言って渋滞していないわけではない。

と、いうことで私は一般道路を使うことにしていた。アパートのあるヘイスティングスからは『ソウ・ミル・パークウェイ』（Saw Mill Pkwy　映画ダイ・ハード3で主演のブルース・ウィリスが雨の中をベンツに乗って激しい銃撃戦を繰り広げた道路である）から八七号線（NY State Thruway）の高速道路を進み、ブロンクス地区にあるヤンキー・スタジアムの先まで行き、そこから有料でない橋を渡りマンハッタン側へ行くのである。

八七号線には、ジョージ・ワシントン・ブリッジへ向かう国道の九五号線と途中で交差するインターチェンジがある。ここは必ずといっていいほど何時も渋滞していた。そこを我慢して通りすぎるとヤンキー・スタジアムが左側に見えてくる。その先の二つ目の出口から高速道路を一旦出るルートでＦＤＲに乗ることにしていた。

出口のすぐ先に信号が見える。この信号に引っ掛らないようにスピードを調整しながらタイミングよく信号を抜けてしまうのがコツである。これさえ通過できれば後は無料の橋を渡り、マンハッタン側のFDRに乗るだけである。

だが、この信号が問題で引っ掛ると窓拭き道具を持った黒人が、必ずやって来るのだ。一回、五〇セントの『窓拭屋』である。この輩《やから》が近づいて来るとフロントガラスのワイパーを作動させ拒否の姿勢を示せばよいのだが、その日の担当者（？）によっては、捨て台詞に唾を浴びせたり、運が悪ければ生卵を投げつけていく奴もいる。私はフロント・スピリットの精神にのっとって、このルートを初めて開拓（？）した時には、生卵をぶつけられてしまった。

「いやぁ、怖いのなんの」

そう言えば、この『窓拭屋』はNY中どこにでも出没する輩である。私の同僚で初めてこれに出くわした時の話にこんなのがあった。

彼は『窓拭屋』に遭遇したとき、何も知らずに窓拭きをさせてしまった。差し出す紙コップと片手でパア（つまり、五〇セントの意味）を示す黒人に彼は五ドルを払ってしまったのだ。

同僚曰く、

「NYは、わざわざガソリンスタンドに行かなくても車の窓を綺麗に拭いてくれるから便利でいいね」

ずぼらな性格の同僚には、意外と便利なものらしい。

私は、朝の往路はこのルートを使っていたが、帰路はどうしたか。利用していた駐車場は、三九丁目通のレキシントン街と三番街の間にあった。

マンハッタンの道路や橋など公共の場所には洒落た名前がついている。それぞれに由緒ある地名だったり、歴史的人物の名前だったりする。これらを知るのもNY生活の楽しみでもある。そこで、すでに要所々々に記載しているが、このレキシントン街についても触れることにしよう。

ミッドタウンの主だった道路として、東側から『一番街』『二番街』『三番街』と付けられているのでその次は、当然『四番街』と思うのだがそうならないところにアメリカ人のセンスというか、傲慢さというか不思議なところがある。この『四番街』にあたる道路が、何故か『レキシントン・アベニュー』となっている。

このレキシントン街の由来は、独立戦争時のボストン郊外にある戦場の地名『レキシントン・コンコード』からとったものと聞いた。

その次が『五番街』かと思うとそうではない、『五番街』はもっと西の方になるのである。五番目にあたるところは、『パーク・アベニュー』、そして私が勤めるオフィスがあるマディソン街。この『マディソン街』の名前は、四代目大統領の『ジェームズ・マディソン』から付けられている。そして、『五番街』となるのである。つまりは、東側から七番目にあたる道路なのである。

さて、私は駐車場を出ると、イースト・リバーに添って走るFDRに戻るのだが、帰りの時間帯には、FDRが全線渋滞になってしまう。そこで私は、三番街をひたすら北上するコースをとることにした。当然、ここも混んではいるがFDRほどではない。三番街は、南から北への一方通行。信号に引っかからなければ、これがノンストップで一気に一五四丁目まで走り抜けることができるのである。私も最初からこのルートを知っていたわけではない。何回か通る内に四五㎞前後のスピードで走ることができれば、一度も信号に停まることなく抜け切れるのを知ったのだ。

マンハッタンでは、リッチとプアーの境目が九六丁目と言われているが、この道を走っていると確かにそう思える。街の様相が急に変わるのである。この九六丁目からいわゆるハーレムになるが当時は、犯罪の巣窟と言われていた。これを避けるようにニューヨーカーはFDRを通るのだが、フロント・スピリット（?）を持つ私には、面白い光景の一つであった。

そもそも『ニューヨーク』は、一六六四年にオランダ領であり、最南端にある『バッテリー・パーク』から『シティー・ホール』辺りまでを『ニュー・アムステルダム』と呼んでいた。

だが、当時のイギリス国王チャールズ二世が戦争を起こし、オランダから奪還し、イギリス領として弟のヨーク公を統治者にした。当時、艦隊の指揮を取っていた、リチャード・ニコルがそのヨーク公を称え『ニュー・ヨーク』と改名したらしい。

その後、一八〇六年にヨーロッパからの難民が大量に押し寄せ、ニューヨークは手狭になり、北へ北へと開発が始まることになる。道路を碁盤目とし、その後に名称を付けたのである。南北に幅三〇・五mの道路を『アベニュー』（Avenue）とし、南から北へ住所番号をつけ、東西には幅一八・三mの道路を設けて『ストリート』（Street）とし、東から西へ住所番号をつけて、碁盤目の区画割りをしたのである。

碁盤の目による長方形の区画は、四角い家を造る方が建築費は安くすむと考えられたためで、マンハッタンの道路地図を見るとその歴史を覗うことができる。

『マンハッタン』の由来には、こんなものがある。

四四丁目の五番街と六番街の間に由緒ある有名なホテル『アルゴンクィン』（Algonquin）がある。一階にあるパブ『ブルー・バー』には、文豪ヘミング・ウェイをはじめ数多い著名人が集まったことでも知られる。

しかし、日本のバブル期に大手ゼネコンのA社が買収し、いとも簡単に改装してしまった。

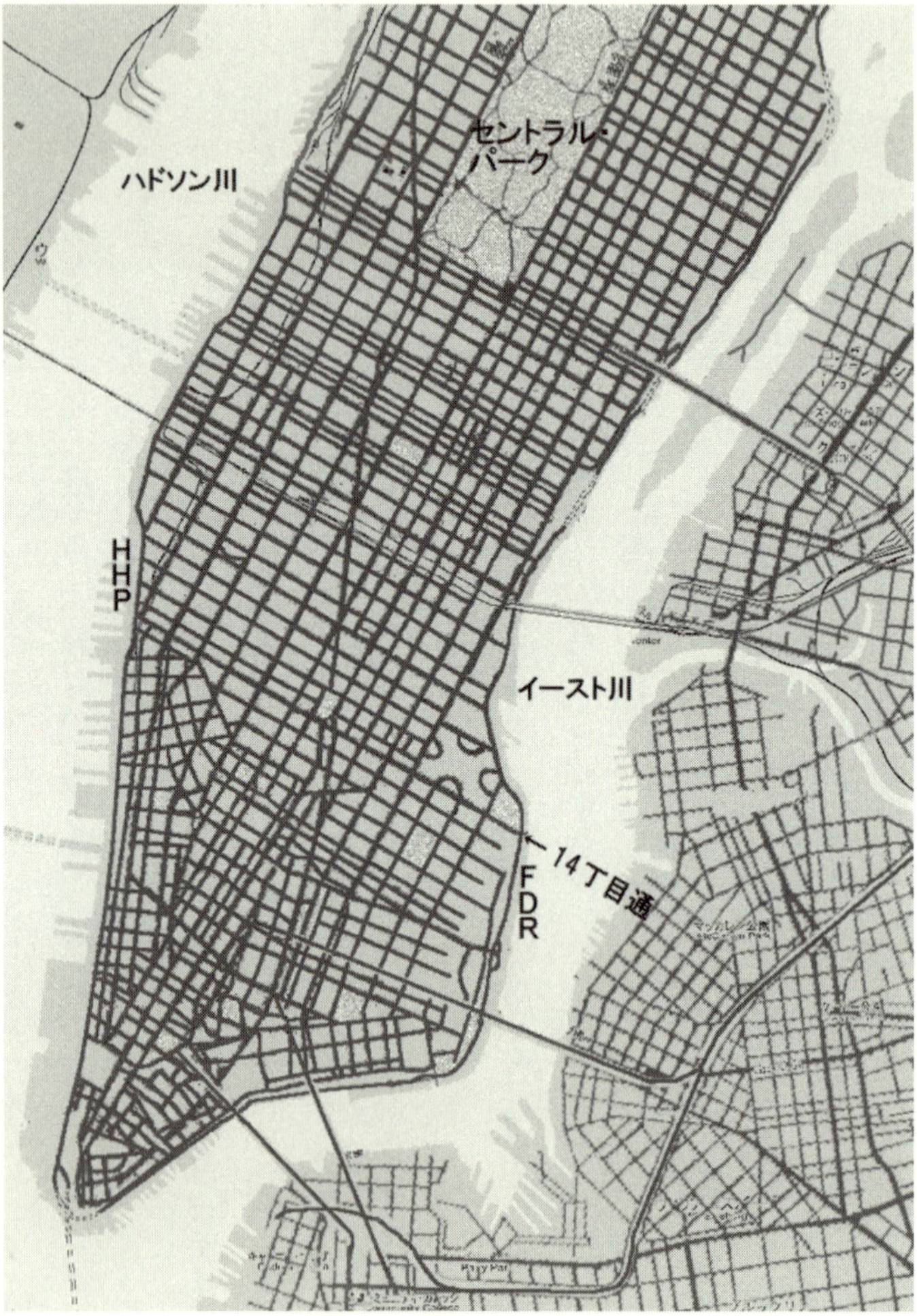

マンハッタン道路地図

ブリティッシュなスコッチ・パブの趣は残してはいるものの、何もかも新しくしたのでは歴史を感じることはできない。歴史の深みは、アメリカの文化でもあるがそれを簡単に消し去ってしまった。

このホテル名の『アルゴンクィン』は、先住民族の言語系統のひとつにあたり、現在の北米東海岸地区にアルゴンクィン語をしゃべるインディアンが住んでいた。このアルゴンクィン語で『マンハッタン』は『丘の島』を意味する。

だから一見平坦に見えるマンハッタン島も走ってみると意外にアップ・ダウンが多いことに気づく筈である。

つまり、三番街を北上すると緩やかなアップ・ダウンと碁盤目の道路のおかげで各交差点の信号機が等間隔で一五ブロック前後は見渡せてしまうのである。

走りながら前方の信号機は次々に赤から青へ替わっていき、ルームミラーには通り抜けてきた交差点の信号が順番に赤に替わりながら追いかけてくる形になって見えてくる。そのスピードに上手くハマルと交差点で一度も止まることなく通過できる。もちろん、私の車だけが走っているわけではなく、他にもたくさんの車が走っている。これらの中には、『ＮＹ走り』と言われるとんでもない走り方をする車も多い。周りの車などまったく気にせずにマイペースで運転している。マンハッタンの道路は、ほとんどが一方通行になっているが車線の中央からウィンカーも点けず急に右左折してくる車がいる。だいたい、タクシーも含めてNYではウィンカーを点けずに曲がる車が多いことは知っておいた方が良いと思う。

そうした車をかわしながら走行するので、信号が赤になりそうなところもある。そのような時は運転テクニックで乗り切ることをお勧めしたい。一度、機会があったら試してみるのも良い経験になるだろう。

なお、三番街は南から北への一方通行であり、三〇・五mの道路幅は六車線ほどあり、比較的走り易いとは思う。ただし、一一〇丁目を過ぎた頃から本家ハーレム地区に入るため、プアーな街並みは更に様相を変え、黒人が多くなるので信号に引っ掛った場合、くれぐれも『窓拭屋』にご用心されることを付け加えておく。

NYは渋滞中（附録）

マンハッタンで、信号を守るのは車と観光客ぐらいと言われている。ニューヨーカーは、車が通っていなければ赤信号でも平気で渡ってしまい、渋滞で停まっていてもその合間を縫って横断してしまう（現在は厳しく取り締まられますから用心して下さい）。その辺りのタイミングを覚え始めた頃、仕事の帰りにマディソン街の五一丁目から歩いて事務所へ戻った時のこと。南北の碁盤目は約八〇m置きに一八・三mのストリート（通）で区画され、交差点にはすべて信号機がある。その度に渋滞で動かなくなった車の合間を縫って歩いてきた。四四丁目通は、西から東への一方通行になっている交差点で角には、一八八一年にマンハッタン南部で開業したトラッドな紳士服の老舗として知られる『ブルックス・ブラザース』（Brooks Brothers）がある。ここを渡ればオフィスはすぐだ。だがここも車は停まったままである。イエロー・キャブの前を摺りぬけて渡り切ろうとした瞬間、自転車とぶつかってしまった。

「Fuck You」

その黒人は、罵声を浴びせて走り去っていった。有名なNYの『メッセンジャー』である。彼らは一方通行と渋滞で動きが取れない街中を縦横無尽に自転車で快走し、オフィスからオフィスへ書類などを短時間で届ける、言わば短距離宅配便。数をこなしてナンボの彼らは命を張って自動車と競り合うこともある。私は、擦り剥いた右肘を押さえながらやっとオフィスに辿り付くことができた。

信号を守らないニューヨーカーになるのも良いが横断にはくれぐれも気をつけましょう。

ところで先にも述べたように、『NY走り』といった、運転の下手な奴がとにかく多い。特に一般道路からＦＤＲやＨＨＰに進入する場所でモタモタしている車によく遭遇する。これにハマルと、さぁー大変。その手前の交差点まで渋滞してしまい、クラクションの渦に巻き込まれてしまう。横から割り込み、我先にという車が出てくると、もう収拾がつかなくなってしまう。このような状況にハマってしまったら、じっくりと腹を据えた方が賢明である。変に焦って接触事故でも起こしたりするともっと大変。訴訟の国であることをお忘れなく。

そしてこのような時に必ず現われるのが、『窓拭屋』？　いや、そうではなく別の輩である。彼らを『渋滞のセールスマン』とでも呼ぼうか。停まっている車の一台一台を廻って手にした荷物を販売して歩く。何を売って歩くのか？

それは、ＶＣＲ（ビデオカセットレコーダー。日本ではＶＴＲビデオテープレコーダーと言う）やビデオカメラなどである。ほとんどが日本製の物だ。いくらで交渉しているのかは買ったことがないので判らないが、だいたい市価で$1800.00〜$2000.00ぐらいするものだったらそれの十分の一以下で売っているようだ。車に乗っている人でそんなに多額の現金を持っている人が少ないことが判っているからである。最初から吹っ掛けても売れないことを計算してのことらしいがこれらの品は全て盗品である。外側のダンボール箱だけは本物を使い、中身は同じ重さの石ころやレンガだったりすることもあると聞く。中には、全て本物の新品に得をしたという話も聞いたことがあるが、たいていは前述の通りだ。渋滞中のわずかな時間で売買するのだから買う方も綺麗に梱包してあれば、いちいち中身を確認している余裕などない。そこが奴らの狙い目である。たまに車をわざわざ脇に寄せて中身を確かめる人もいるようだが、そんな時奴らはその間に脱兎の如く飛んで逃げてしまう。

渋滞中の短い時間では、相手が提示する価格を値切るぐらいの余裕しかないはずだ。そこが彼らの付け目でもある。売買が成立した途端、彼らは一目散でバイバイである。

「お粗末でした」

Episode18　いらっしゃーいNY

「KAZサン、Line2」

セクレタリーの女の子がスピーカー・ホーンで電話を告げてきた。

「Hello Speaking」

電話に出ると懐かしい声が返ってきた。赴任前の営業所時代にお世話になったT社の建築担当の人からだった。クライアントでありながら同じデザインを志す者同士として、仕事抜きでも個人的な交友を深めていた人だった。同じデザイン仲間三人と一緒にNYのミュージアムを見学に来たというのだ。突然の来訪だったが、都合をつけて歓迎することにした。

NYは、ミュージアムの宝庫としても有名である。大小合わせて全部観ようなんて思ったらとんでもない時間がかかる。そこで、一九二九年創立した『ニューヨーク近代美術館』をはじめ、一九五九年フランク・L・ライトが設計した『グッゲンハイム博物館』や『ホイットニー美術館』、それに『ロイヤルトン』や『ヘルムズレイ・パレス』といったインテリアがすばらしいホテルなど、効率よく限られた時間で廻れるように地図を作り、彼らに渡すことにした。昼間のアテンドはできないのでとりあえずオフィスに来てもらって説明をする。そして翌日の夜に再会することにして、彼らはさっそく行動を開始した。

私は、午後から仕事でプロジェクト現場に向かうことにした。一五階にある現場事務所へは階段をひたすら登って行くしかない。フレート・エレベーターは、建築資材優先なのである。イン・カム（ハンディ無線機）で現地スタッフに上や下へと呼び出された時など、五番街を歩いてオフィスまで帰る間、ずーっと膝が笑いっぱなしになってしまう。

今日も笑う膝を誤魔化しながら『サックス・フィフス百貨店』の前まで歩いてきた時、武田鉄矢氏が前から歩いてくるのが見えた。私は、思わず手を振って声をかけてしまった。一瞬、驚いたようだが知らない顔をして横を通り過ぎようとした。私は、笑う膝を堪《こら》えて前に立ちはだかった。少し間があって笑顔になる。

「よう！　久し振り。ちょっと悪いな」

と言って、武田氏はどこかに手を上げて合図した。CMの撮影中だったらしく、私はそれを邪魔したらしい。素人の私には何処にカメラがあったのか知る由もない。NYの真中で知った顔を見つけ、つい声をかけてしまったのだ。

　武田氏とは、アマチュア時代にフォーク仲間として学生時代、共に活動をしてきた仲であった。大学四年になった時、彼ら『海援隊』はプロになるため上京し、私はインテリア・デザイナーを目指すことになった。ここだけの話だがあの時代、仲間の誰もが現在のような一流芸能人になるとは思っていなかった。判っていればマネージャーにでもなっていたのだが……。

　異国の地で古い知人に会えるのはやはりうれしいものである。過密スケジュールの武田氏とは二、三分の立ち話で別れることにした。膝はまだ笑っている。

　駐在員の仕事には、日本からの出張者をアテンドする業務がある。特に会社挙げてのプロジェクトを抱えるNYでは、次から次に来訪者がある。そこで駐在員事務所を中心にプロジェクト準備室や我が設計部隊の総員を挙げて入れ替わり、立ち替わりに対応していた。駐在員事務所の連中は、ほとんど毎晩のお付き合いに体調を崩す者もいたが出張者はそんなことには関係なしにやってくる。

本社からの出張者は、駐在員事務所に任せることにして、私たちは設計部門の出張者対応に追われた。『事業本部長コース』『設計室コース』など各種コースを取り揃え、駐在員事務所とは一味違った話題性、デザイン性、あるいは専門書に載っている店などに案内した。食事の後は、最後にロックフェラー・センター・ビルの最上階にある、『Rainbow room』に案内することが多い。一九八四年にアールデコ調でリニューアルされたバーがある。レストランはかなりの席数を有するがバーはそれほどでもなく、反って落ち着ける広さである。このスカイスクレーパーから見下ろすマンハッタンの夜景に文句を言う人はいない。余談ではあるが、このバーに『Long Island Ice Tea』という飲み物がある。冷たい紅茶ではなく世界五大蒸留酒を使ったカクテルだが絶対にお薦めの一品であることを教えておきましょう。

さて、アテンド慣れした私としては、プライベートな友人ぐらい簡単なことだったがプライベートなだけに誰もが使うありきたりなコースは避けることにした。友人からのリクエストもあったことからちょっと違ったコースを設定してみた。

まずは、地下鉄に乗ってチャイナ・タウンへ案内する。地下鉄を降りて、キャナル通りからモットー通りへ向かう。異国の地で見る漢字（中国語）の看板、街行く人がほとんど同じ顔をした東洋人にかえってNYを感じると興奮気味の友人たち。確かにこの街には、いつ来てもエキサイティングに活気溢れ、バイタリティーを感じないわけにはいかない。モットー通りを南に下った左手に店名もそのものズバリの『北京ダック』という店があり、ここに入ることにした。

地下のテーブルに案内されると、店のオヤジがにこやかに注文を取りにくる。まずは、飲み物。とりあえず『青島』（チンタオ）ビールを頼んでいる間にメニューを見るが、今日は迷惑をかけたのでご馳走するから遠慮するなと友人たちは言う。が、メニューは見ても解らないので私に任せるとのこと。そこでこの店の名物である『北京ダック』（当時$29.90）と三品ほどを決めると、遠慮はするなと後二品ほど追加してしまった。

「一品の量が多いですよ。ここはNYだから日本とは違いますよ」

とアドバイスする私を無視して五人で一人一品＋北京ダックを頼んでしまった。北京ダックは、ワゴンに載せて目の前で捌《さば》いてくれる本格派。五人で食べてもこの価格で一人二巻きは口にすることができる。以前、事務所の連中と来た時、ローカル・スタッフの一人は皮を剥がされたダックの残りをもったいない無いと持って帰った奴がいた。料理は、日本で食べる中華料理よりもはるかに安く、量が多い。友人たちも頑張って食べたがかなり残ってしまう結果になってしまった。そこでホテルへ帰って夜食にでもなるようにと、残った料理は持って帰ることにした。『ドギー・バッグ』（直訳は、犬の餌）、こちらではどんなレストランでも残った料理をそういって持ち帰ることができる。「犬の餌にするから」と言いつつ実際には人間が食べるのだがアメリカらしい粋な計らいである。だからたいていの店では持ち帰り用のペーパー・ボックスが用意してあり、決して恥ずかしいことではない。日本では、場所によっては軽蔑の眼差しを受けるところがまだまだ多いような気がする。

腹いっぱいになったところで、ＮＹ週末の夜を象徴する『グリニッジ・ヴィレッジ』（Greenwich Village）に連れて行くことにした。ワシントン広場のすぐ近くにある、グランドピアノを象《かたど》ったキャノピーがある『ブルー・ノート』（Blue Note　東京青山店のように気取ることもなく、安い）の前まで行くと雨がポツリ、ポツリと落ちてきた。今日のライブ・ステージはそれほどメジャーなジャズシンガーではなかったがすでに始まっていた。予約をしていないのでチケットは無いとのこと。折角だから本場のブルー・ノートの雰囲気だけでもと思い、ウェイティング・バーから中を少しだけ覗かせてもらうことにした。このあたりも日本とは違って至って気さくに応じてくれる。

表へ出ると雨足は先ほどより少し強くなってきた。

「何処か濡れないところを見つけましょう」

私たち五人は、六番街を横切って『ヴィレッジ・バンガード』（Village Vangard）の方へ向かって歩いていく。あちこちの店の前ではウェイティングしている若者たちが見える。すでに上がっているのか雨の中をハイ・テンションに騒ぎながら行く者もいる。七番街の手前で見つけた店は、外から覗くと少し暗めだがなかなか賑わっていて、アーリー・アメリカン調でインテリアも良さそうである。

「雨が強くなってきたのでとりあえずここに入りましょう」

私はみんなを促して、ドアを開けると立っている店の男性に話しかけた。

「五人だけど空いている？」

するとその男はモゴモゴと口の中で何かを言った。

「何？」

私は聞き返した。よく見るとジーパンに革のベストを素肌に着て腕を組んでいた。体格もいい。

「Gay Bar」

男がもう一度言う。ハッ！と思い中をよく見ると腰にチェーンなどをぶら下げたマッチョな男たちで一杯だった。ここは、ゲイ・バーである。ひ弱に見える東洋人を見て彼は親切に教えてくれたのかと思ったがそれは違ったようである。私たち五人の中の女性二人を見てのようだった。女性を連れては入れない店だったのだ。

ヴィレッジ・バンガードもチケットに余裕が無かった。雨は止みそうにない。仕方なしに飛びこみで入った『モンタナ・イブ』（Montana Eve）は、ここぞヴィレッジ族の溜まり場と言われる所だった。ここもすごい混み方で席などなく、ウェイティング・バーの方は全て立飲み。立ちテーブルをやっと確保すると私はカウンターにビールを買いに行く。みんな好き勝手に飲んでいる合間を縫って両手に持った瓶ビールを高くかざして運ぶことにした。

「コップはないの」

友人が言う。

「そんなもので飲むのはヴィレッジ・スタイルじゃないね。女性もみんな瓶で飲むんですよ」

と、わけ知り顔で言うと女性も乾杯をして瓶ビールを口に運ぶ。

「しかし、アメリカの女性の方が様になっているね」

などと友人たちは感心しながらも、一夜のヴィレッジ族にまんざらでもないようであった。

Episode19　サンタ・バーバラ

今日は週末、洗濯を終えて部屋に戻りテレビを点けると、西海岸で山火事が発生したと伝えていた。保養地で有名なサンタ・バーバラの山林で自然発火のようだ。西海岸は毎年の様に山火事が起こり被害を出している。空気が乾燥しているのがいけないのかもしれない。

サンタ・バーバラと言えば、初の海外研修で降り立ったロスから向かった所でもあり、私が生まれて初めて外国のホテルに泊まった地でもある。つまり、あの『ウルトラマン』になった午後のことである。

『サンタ・バーバラ』（Santa Barbara）という町は、ロス・アンジェルスから北へ三時間ほど行った西海岸でも有数の保養地であり、レーガンやクリントン元大統領の別荘があることでも有名である。

町外れの海岸近くにある『シェラトン・リゾート・アンド・スパ』が生まれて初めての外国のホテルになった。十月の初旬にもかかわらず、日中はバス車内に冷房が入り、外では半袖シャツで歩くほど暑い。しかし、湿気を帯びない空気に汗が吹き出ることもなく、初めて体験する温暖な西岸海洋性気候に感激してしまった。

ホテル内での研修後、アメリカ最初の夜に仲間を誘ってホテルの近くを散策することにした。ほとんど男ばかり九十人ほどの団体に、主催者側も研修中に何かあってはと、町から遠く離れたホテルを選んだようである。それでも初めての夜、男どもは数人ずつに分かれて出かけはじめた。

ところが外に出てみると吐く息が白くなるほど底冷えがした。昼間はあれほど暑かったのに、みんなセーターを取りに戻っていった。タクシーを呼んで町へ行ったグループもいるようだが、私たちはオレンジ色の街灯に照らし出された住宅街を、しばらく歩くことにした。住宅より公園のほうが多い静かな通りを歩いていると、どこからか賑やかな声がしてきた。行ってみると野球場で若者たちが試合をしている。草野球かと思ったがユニフォームにヘルメットをきちんと着用している。その上、審判員までいる本格的なものであった。観客席こそないがちゃんとナイター設備のもとで行われている。このような設備は日本では、まだ少ない時代だった。

翌日は、研修後の夕食がプログラムされておらず、ホテルより二㎞ほど離れている町まで繰り出すことになった。五時頃に研修を終えて出かけるが、外はまだまだ明るい。各自で勝手にレストランを探して夕食が取れるということで、ホテルのレストランで済ませる者はいない。みんな町へ出かけて行く。海岸線を東洋人の団体がゾロゾロと歩いて行く。海岸から町に入る手前に踏切があった。このあたりは町外れのようだ。いかにもアメリカの田舎町という感じがする。

踏切を渡ったところに数店のレストランがあるが、何処も仲間の日本人でいっぱいになっている。特にステーキと書かれたレストランには、先客の仲間が陣取っていた。私たちも七人ほどのグループになっていたが、辛うじて二テーブル空いている店に腰を落ち着けることができた。オーダーを取りにきた店のおばちゃんが不思議そうに尋ねる。

「今日はどうしたんだろうね。満席になるなんて……。あなたたちは何処から来たの？」

普段は顔見知りの客が多いのに、今日に限って東洋人がいっぱいでやけに忙しくなってしまったらしい。理由を説明すると、「なるほど」という顔をして、

「ゆっくりしていってね」

と、笑顔になってキッチンの方へ戻っていった。

こんな小さな店でもメニューには、アペタイザーから始まって魚料理に肉料理、そしてデザートまでちゃんと載っている。本当のことを言うと、どれを食べても「うまい！」といったものはなかったが、このロケーションにこの空気は、平坦な味の料理も格別のものにしてくれた。

食事を済ませ、表へ出るとしばらく周りの店を覗いたりしていたが、ホテルに戻る時間はど

のグループも同じで、来るときよりも若干列が細長くなった形で海岸線を歩いて戻りはじめる。私たちも店の前で写真を撮ったりしながら踏切の方へ歩いて行く。踏切には、今まで映画などでしか見たことがなかった、『Rail Crossing』と書かれた×マークの信号機が立てられていた。これを見たとき何故か私には、アメリカに来たという実感が改めて沸いた。

踏切の向こうには、海岸線が広がり水平線がオレンジ色に輝いていた。時間は夜の八時をまわった頃であるが、まだまだ夕暮れの状態である。それをバックに踏切を挟んで写真を撮っていると、突然信号機が鳴り出した。私たちは、列車が通り過ぎるのを待ってから渡るつもりでいると、後ろから添乗員と別の仲間たちが走り抜けていった。

「おーい、慌ててどうしたの?」

「早く渡らないと帰れなくなるぞ」

との返事。何だか解らないがとりあえず私たちも渡ることにした。列車は貨物のせいか、四〇〜五〇㎞のスピードでゆっくりと踏切を通過していく。私たちは、貨車の数を数えながら写真を撮ったりし、暫く眺めていたが一向に終わらない列車に飽きて海岸線をホテルへ戻り始めた。

夕陽がやっと水平線に沈もうとしている。この太平洋の向こうに日本がある。つまり、この夕陽は太平洋の向こうで暫くすると朝日となる。はじめてアメリカに来た私は、妙にセンチメンタルになっていた。ここサンタ・バーバラの夕陽は綺麗なことでも特に有名で、人を感傷的にするロケーションでもあった。

海岸を吹く風は少し冷たくなっていたが、夕食に飲んだワインのせいか心地よく感じる。振り返ると踏み切り近くでがんばって列車を数えていた仲間が小走りに追い付いてきた。

「どうだった？何台つながっていた」

尋ねる私に、

「一八三台まで数えたけど馬鹿らしくなって止めたよ」

遠くになった踏み切りの方を振り返ると、列車はまだまだ踏み切りを通過していなかった。

サンタ・バーバラでの研修最後の日、カリフォルニア州立大学（U.C.L.A）サンタ・バーバラ校学長主催の昼食会がプログラムされていた。誰もがあこがれのU.C.L.Aの生協で買物ができると思っていたが、あいにくの週末に閉店していた。この昼食会で出されたのが、まるごとサーモンのパイ包焼き。みんな驚きであった。

「さすがU.C.L.A、やることが違うね」

「なかなか豪華じゃない」

などと口々に言い合う。サーモンの形を生かしたパイにさっそくナイフとフォークで挑み始めた。最初のうちは、珍しさも手伝って「美味い」と思って食べていた。が、その大きさになかなか食べ切れないでいる。口が慣れてくると味も大味で、半分ぐらい食べると皆飽きはじめた。

「これで醤油でもあるとまだ食べられるんだけどな」

と日本人らしいコメントとともに、ギブ・アップしてしまう。

この後、サンタ・バーバラからロス・アンジェルスに戻る途中、カリフォルニアで最も古い教会に立ち寄ることになった。そこで現地の人に声をかけられた。

「ハーイ」

私たちも気軽に挨拶する。向こうは私たちを見て、

「Are you Chinese?」

これにはショックを受けてしまった。日本人として堂々としているつもりだったが、外国人から見ると東洋人は皆同じ顔に見えているのだろうか。知名度は中国の方が上のようだ。

Episode20　定期健康診断

定期健康診断は、こちらで勤めていても年に一度は受けなければならないものである。ミッドタウンにある日系企業の多くと契約している、『東京海上記念診療所』というところがある。私はＮＹで初めて受ける検査に少し不安になりながらも、指定された日に一人で病院へ向かった。日本でも毎年検査は行っていたので、検査そのものに心配はなかったが、やはりバリュームだけは苦手としていた。上司は日本と同じだから大丈夫とは言っていたが……。

受付で名前を告げると、看護婦さんが診察室へ案内してくれた。日本人の若い看護婦さんは、手慣れた感じで青い検査着を手に持って、

「これを着たことはありますか？」

私は日本と同じだと思い、

「はい」

と答えて着替えはじめた。すっ裸になって検査着を着けるようにとのこと、日本では下着まで脱ぐことはないのにと思いながらも検査着に腕を通した。日本人用になっているのか少し小さい感じがする。前で紐が結べるのだがどうやっても前が少し開いてしまう。バス・ローブのような重ねしろがないのである。着替えた頃を見計らって看護婦さんが覗いた。

「やっぱり、着たことがないんですね」

「そんなことはないよ。毎年、定期検診は受けていたから」

と前を押さえながら言うと。

「それ、アメリカでは後ろ前反対に着るんですよ。紐は後ろでとめて下さい」

「ハ？　道理で前が開くと思った」

教わったとおりに着直すと、少し違和感はあるもののちゃんと着ることができた。お尻が出る形に何だか落ち着かないまま検査を次々にこなしていった。

例のバリュームも日本と違って、バナナ味で飲み易く、吐きそうにもならずにX線の台を転げていた。検査もひと通り終わり、最初の診察室に戻ってくると、片言の日本語をしゃべるアメリカ人の医者が入ってきた。

「この検査着だと前が開かないけど聴診器をどうやって使うのかな？」

と思っていたら、平気で検査着の上から聴診器をあてて診る。

「へえー、割りといい加減なんだ」

と思っていたら、最後にうつ伏せになってベッドに寝るように言われた。

「チカラヲヌイテ、リラックスシテクダサイ」

先生が言うままに横たわった瞬間である。ゴム手袋をした先生の中指が私のお尻の穴を目掛けて突っ込んできた。

「ウッ！」

一瞬のことだった。日本では大腸癌の検査項目がプログラムされているが、アメリカでは直腸癌の検査のために行う触診であった。

何だかクセ（？）になりそうな検査である。私は、この時以来定期健康診断がくるのが楽しみになってしまった……？、のだ。

Episode21　出張

「おーい、出張に行ってもらうぞ」

「そう、こなくっちゃあ」

ニコニコしながら上司と打合せに入った。

NYに赴任して二ヶ月目に湾岸戦争が勃発して以来、アメリカ経済は急激な景気後退に、仕事らしい仕事がない。日本語が会話のほとんどを占める我が事務所では、私の語学力は一向に進展することなく過ごしていた。出張でもない限り、NY以外を知る機会もなかった。そんな時の出張である。同僚と一緒に銀行のオフィスを引渡しに行く仕事だった。

行き先は、シカゴ。日帰りではあるが、シカゴはプライベートでもそう行くチャンスがない所であろう。

二日後、ラ・ガーディア空港からアメリカン航空に乗るべくゲートに向かう。朝八時のフライトでブリーフケースだけの手荷物を検査機のベルトコンベアーに乗せる。同僚に続いてセキュリティ・ゲートをくぐる。

「ビビーッ」

ゲートの脇を戻ってポケットから金属類をトレーに出し再度くぐる。

「ビビーッ」

厳《いか》つい顔のセキュリティーが、

「もう一度」

と促す。胸のポケットにカード型の計算機が入ったままだった。今度は大丈夫のようだ。

「あのなア」

同僚が呆れていた。

シカゴのオヘア国際空港までは、約二時間半で着く。さすが世界一多忙な空港と言われるだけあって、とてつもない空港である。

一九五五年に開港したのだが、滑走路だけで七本もある。アメリカン航空とユナイテッド航空のハブ空港としても知られ、一時間に一〇〇便もの離発着が行われている。メインのターミナルビルは、鉄骨の構造体をそのままインテリアとしてデザインし、白で統一した実に綺麗なものである。メイン・ターミナルの中央部になる、ターミナル2の地下からシカゴの特徴の一つである高架鉄道の駅が、巨大なドーム状で横たわっていた。空港からは四十分程でダウンタウンに行ける。

『シカゴ』（Chicago）という名前の由来は、ネイティブ・アメリカンであるアルゴンクィン・インディアン語の『Chigagou』（野生の玉ねぎ）が変化したものと言われている。ＮＹ、ＬＡに続く全米屈指の巨大都市なだけにマンハッタンによく似た迫力を感じる。

目的の場所に着いたのが午前十一時。と思っていたら、ナントまだ十時であった。約二時間半のフライトなのにＮＹとは一時間の時差があるではないか。帰りは、こちらの午後六時過ぎに乗るつもりなので、日帰りすると普段より二時間余計に働くことになりそうだ。

同僚は、クライアント（施主）の就業時間に合わせる形でスケジュールを組んだようだ。クライアントが日系企業であれば、たとえアメリカの地と言えども日本的ビジネスは変わらないようだ。

オフィスの引渡しが無事終わると、同僚は打合せがあるからと、待ち合わせ場所と時間だけを決めて私を解放してくれた。そこで私はポケットマップを片手に観光に勤しむべく一人、ダウンタウンを歩くことにした。

後から聞いた話だが、赴任以来まともな仕事もなく、何処も行けない私に上司がちょっとした息抜きとして計らってくれたようだ。

シカゴもＮＹと同じく建築の宝庫と言われている。摩天楼（Skyscrapers）と言えば、ＮＹの代名詞のように思っている日本人も多いが、実は摩天楼の発祥の地は、ＮＹではなくこのシカゴの方である。

一八七一年に起ったシカゴの大火災で、二億ドルもの損害が出て十万人の家が焼失した。これを機に市街地での木造建築は禁止され、耐火構造建築が義務付けられることになった。一八八五年、最初の鉄筋建築は『ホーム・インシュランス・ビル』（設計者William B Jenny）が第一号となった。ＮＹでの、最初のスカイスクレーパーは今でも健在の『ウルワース・ビル』で一九一三年に完成している。

参考まで――『クライスラー・ビル』（一九三〇年）、『エンパイア・ステート・ビル』（一九三一年)、『ロックフェラー・センター・ビル』(一九三一～四〇年)――。

さっそく、お言葉に甘えて同僚を現場に残し、まずはシカゴ川沿いにある、ホテル・ニッコー・シカゴ内の日本レストランへ。時間が早いせいかまだオープンしていなかったが、店の人に断わって拝見させて頂くことにした。

この日本レストランは、エピソード8で触れているように、思い出深いプロジェクトであった。一九八五年の四ヶ月にわたるNY出張で、いきなり徹夜をさせられた思い出の仕事である。従業員の方がわざわざ照明を灯けてくれた店舗内は、当時の設計どおりほとんど手直しされずにでき上がっていた。ひとつひとつのディティールに当時の苦労が蘇る。

時差ボケ状態に昼間はあまり仕事がはかどらない状態だったが、事務所では朝の九時から夜中の一時まで働くといった毎日は、エピソード8で述べたとおり。もちろん出張の我が身に残業手当などあるはずもない。

「不当労働行為だあーァ」

などと言っている場合でもなかった。プレゼンテーションの提出は目前。昼食を済ませると、ただでさえ眠くなる午後の時間帯に、NYに着いて六日目であった。これに時差ボケが加わるとどんな状態かは想像がつくだろう。

このプレゼが日本レストランだったのだ。もっとも現在は、不況に喘ぐ日本経済のせいかニッコー・ホテル・シカゴとしては存在していない。『ウェスティン・リバー・ノース』として、建物だけが変わらずに残っている。

ホテルの前を流れるシカゴ川に沿って、メイン・ストリートであるミシガン・アベニューの方へ歩いてみる。川に沿って隣に『マリーナ・シティ』（Marina City）がある。別名『Corn』と呼ばれるツイン・タワーがそびえ建つ。写真では見たことがあったがこうして実物を見るのは初めて。なるほど、確かにトウモロコシにそっくりである。下層部の一八階までが駐車場となっていて、上層部の四十階はアパート。数多くの映画やＴＶなどでロケ地に使われている。

ミシガン・アベニューには、サックス・フィフス・デパートをはじめマンハッタンにもある有名ブランド店が軒を並べる。非常にマンハッタンによく似ている。私は時間の許す限り見て廻ることにした。

そして、設計者としてはぜひ見ておきたい建物があった。旧イリノイ州センター（現James R. Thompson Center）である。設計事務所Murphy/Jahn&LesterB.Knight & Associatesの有名なヤーン氏による設計で、建物は円錐状の四分の一を切った形で総ガラス張りにし、一階から十七階までを吹き抜けにしたものである。壁がない空間を造り、各フロアーをオープン・オフィスとした画期的な設計であった。それも役所の建物としてである。一七階から見下ろすと地階のフロアーまでが見下ろせ、その床に描かれた大理石と花崗岩で造られたモザイク模様は、決して業界人だけにうける物ではない。

この空間は、まるでホテルのような印象を受ける。そこに役所の堅苦しさはない。ポストモダンなデザインである。この空間はオープン・オフィスの欠点である音の反響や残響を利点として逆に取り入れたことでも知られる。その音響効果は、古代のゴシック建築をイメージしたものだと言われている。

待ち合わせまでの三時間はアッという間に過ぎ、私は急いで約束の場所へ向かった。

「おーい、どうだった」

「いやあ、なかなかステキな街だね」

私は改めて感心しながら言う。

「シアーズ・タワーには、行ったか?」

そうだった、シカゴまで来ていて、一時は世界一を誇ったシアーズ・タワーに登らないで帰るのももったいないような気がする。そこでメイン・ストリートより少し離れた場所にある、シアーズ・タワー（Sears Tower）に向かうことにした。

一九世紀末、大都市では小売業の近代化が進んでいたが、一方、広大な土地に多くの農家が分散している田舎では、都市部のように色々な商品を簡単に購入することができなかった。そこでいち早くカタログによる通信販売を開始したのが『シアーズ・ローバック』であった。シアーズは通信販売の草分けとして急激な発展を遂げ、ついには世界一高いシアーズ・タワーを本社ビルとして一九七四年に完成させたのだ。

ビルの近くに行くと四四三ｍもの高さの黒い独特の外観が、まるで天まで行く手を塞ぐ壁のように建っている。チケットを買って超高速のエレベーターへ。一〇三階の展望台から見ると、ちょうど夕陽が地平線にかかろうとしている時だった。とんでもない高さを感じるが一九九七年には、クアラルンプールにできた『ペトロナス・ツインタワー』に世界一の栄誉をあけ渡すことになった。

その高さからは、東のミシガン湖は水平線、南から西には地平線しか見えない北米大陸の巨大さを思い知らされる感じだった。ミシガン湖側は開発の余地がないほど湖岸まで高層ビル群が遥か下の方に見えるが、南側は街の外れになるのか、大都市にしてはまだまだ空き地が多く残っているように見える。このような高所から、地平線に沈む夕陽などそう滅多に見られるものではない。何だか地上でアクセク生活しているのがばからしく思えてくるのは私だけだろうか。そんなことを感じながらも帰りの時間が近づいてきたので、地上の喧騒の中へ再び戻ることにした。

オヘア空港に着くと搭乗ゲートで再びセキュリティー・チェックを受ける。

「おい、今度は大丈夫だろうな」

同僚の目に心配というより疑いが浮かぶ。恐る恐るゲートをくぐる。

「ビビーッ」

「おい、おい、またか」

先に通過した同僚が呆れて振り返る。ゲートの脇を戻って再度挑戦。

「ビビーッ」

…………

「ビビーッ」

後ろの列が長くなりだした。

「おかしいなア。もう出すものはないはずなのに……」

私はポケットの物は全て出したはずなんだけど、と額に汗を滲ませながら洋服の上から探っていた。すでに四回も同じ動作を繰り返していた。セキュリティーもあきれ顔である。

「！　……あったあ」

すっかり忘れていたが上着のシガー・ポケットにジッポーのライターが入っていたままだった。いつもはズボンのポケットに入れているので、すでにトレーに出したものと思い込んでいたのだった。私は、五回目のゲートくぐりを試みる。

「……」

鳴らない！　すると、廻りから拍手が起った。セキュリティーまで一緒になって喜んでいる。こちらの人たちが寛容だったことに感謝しながら同僚のもとへ進んだ。

「あのなア」

飛行機は予定通りの時刻に、マンハッタンの上空まで来ると着陸態勢になる。オレンジ色に輝く摩天楼の夜景は暖かく、見事なまでに美しい姿で私たちの帰りを迎えてくれた。

Episode22　現実は映画よりスゴイ（事実は小説より奇なり的タイトル）

Part1

湾岸戦争の最中、イラクのテロ組織がＮＹに潜入したと、まことしやかに噂が流れた。ＮＹの水源である、ウェスト・チェスター郡（Westchester County）の中ほどにある、ケンシコ貯水池（Kensico Reservoir）。ここに薬が撒かれると言った噂が広まった。私が住んでいるのはウェスト・チェスター郡。一番水源に近く、水道水は危険だと言われた。

元来、アメリカの水は日本に比べて硬水で東京の水より遥かに美味しく安全である。海外に出るとよく言われるのが、「生水は、口にするな」だがNYではそんなことはない。ただし、安全だと言ってもマンハッタンのホテルなどではミネラル・ウォーターの方が賢明かもというこ とは付け加えておきましょう。

さて、この噂が消えるまではスーパーでミネラル・ウォーターが品切れ状態だったことは言うまでもない。私も噂だから大丈夫だろうと思ってはみたものの、ここはNY。やはり買い込みを決めて近くのスーパーを何軒も探してやっと手に入れることができた。

日本では、ここ数年こそミネラル・ウォーター市場が拡大してきたが、それでも一般的にボトルの大きさは2リットルのペットボトルが最大である。だが、アメリカでは当時からミネラル・ウォーターは数多くあり、そのボトルはガロン単位のものがあった。買い込んではみたものの、3ガロンボトルを四、五本も車に積むと、車体が数センチ沈み込むありさまだった。もちろんこの噂の間、洗濯も控えることになり、噂が明けてからのアパートのコイン・ランドリ―は行列ができていた。やれやれである。

私が住んでいるアパートでは、各部屋に洗濯機を設置することができない。もちろんテラスに洗濯物を干すなどご法度である。各棟に共同のコイン・ランドリーと乾燥機が設けてあり、それを使用するのだが一回の洗濯に$1.00、乾燥に$1.00で二五セント硬貨が最低八枚は必要になる。アメリカ人は、このコインランドリーで足拭き用のマットやスニーカーまで平気で洗う。そこで洗濯機を使用する前に必ず中を調べて、場合によっては洗濯前に$1.00を使って水洗いをしなければならない。

いつものように洗濯物をバスケットに入れて地階へ降りていくと、洗濯機が全部ふさがっていた。暫く待っていると、先に使っていた人が終わる頃合いを見計らってタイミング良く洗濯室に現われる。

「ハーイ」

何号室に住んでいる人か分らないが挨拶を交す。

「私は、これで終わるから次にどうぞ」

と、中年の主婦は笑顔で言ってくれた。それじゃ、お言葉に甘えてさっそくはじめるか、と思いながら主婦の行動を眺めていると、ナント洗濯機の中から足拭きマット一枚に旦那と息子のだろうか、スニーカーを三足も乾燥機に移している。それもバカでかい靴である。

「なんじゃ、こいつらは」

と思いながらその主婦が去った後、私は洗濯を諦めて部屋へ戻ることにした。目の前でそんな光景を見せられると、とても素直に洗濯機を使う気にはなれなかった。

余談ではあるが、こちらの人たちは引越しの時などよく、ガレージセールを開いて余分なものを処分していくが、下着まで平気で売っているのを見かけることがある。このような感覚は、日本人の私にはとても理解しがたいところだ。

さて、毒水の噂が消えてしばらくすると、今度はマンハッタンで毒ガスが撒かれるとの噂が流れることになった。このため、ミリタリー・グッズなどを売っている店では、ガスマスクが飛ぶように売れ出した。それも$39.00といった低価格である。さすがの私もこれまでは買わなかったが、後で思うとこの時買っておけば良かったと後悔したことがあった。


実は帰国してから、私は東京の本社に戻ったのだが、その事務所は中央区茅場町の地下鉄日比谷線出口のすぐ上にあった。

一九九五年三月。朝、私はいつも通り地下鉄東西線のホームから日比谷線のホームを横切って会社へ向かおうとしていた。途中、東西線の車内で日比谷線が人身事故のために運転を見合わせていると繰り返し放送が流れていた。八時二十分頃のことである。

「通勤時間帯の事故は勘弁してくれよ。ただでさえ混んでいるのに遅刻するじゃないか」

傍のサラリーマンが愚痴を言っていた。電車は、徐行運転しながらも茅場町駅のホームに辿り付いた。地下三階のホームから地下一階の日比谷線ホームへ上がっていく。

だが、いつものようにホームを横切ることができない。ロープが張られて閉鎖されていたのだ。私は仕方なしに手前の出口から地上に出ることにした。閉鎖したホームでは、特徴ある黒い帽子に黄土色のジャケットを着たユニフォーム姿の営団地下鉄職員が慌ただしく走り回っている。それを横目で見ながら私は地上に出た。すると茅場町の交差点から築地方面にかけて、一般車輌が一台も走っていない。代わりにおびただしい数の救急車や消防車、そしてパトカーといった緊急車輌が道の両側に停まっていた。これだけの緊急車輌を一度に見たのは初めてである。尋常でないことはすぐに判る。会社まで歩いていくと、すぐ前にある地下鉄の出入口からは、救急隊員が出たり入ったりしていた。

「お早よっス。何があったの?」

先に出勤していた同僚に尋ねるが、

「人身事故らしい」

とだけ。詳しいことは判らない。表を見ながら話していると、一人の男性が飛び込んできた。

「すみません、電話借して下さい」

その真顔に慌てて入口の電話を指す。男性は受話器を上げながら、

「表には、出ないようにして下さい！」

厳しい口調で言う。

「あ、もしもし茅場町の××です。こちらは地下鉄職員が一名重傷、乗客にも多数の負傷者が出ています……」

どうも、私服の警察官のようだ。警官は電話を終えると、

「ありがとう。詳しくは判らないけど表には出ないようにして下さい。それから窓は開けないようにして下さい」

そう繰り返して、口を押さえながら地下鉄の入口に入っていった。

それは、皆さんもご記憶の、オウム真理教によるテロ事件『地下鉄サリン事件』であった。

私も、二本前の電車に乗っていればちょうど死亡者が出た場所に遭遇していたかもしれなかったのだ。

さて、話をNYに戻すことにしましょう。こうして毒ガステロの噂が流れ始めてからは、NY市はマンハッタンの至る所で密かに厳戒態勢を敷いていたようである。

そんな折りのある週末、一つのプロジェクトが終わり事務所のみんなで打ち上げにチャイナ・タウンへ繰り出すことになった。

『チャイナ・タウン』は、キャナル・ストリートとモット一・ストリートを中心に広がる、中国系移民で活気溢れる街である。その昔、一八七二年にモット一・ストリート周辺に十二人の中国系移民が住み始めたことにはじまるらしい。広東人の店を中心に活動が始まり、一八八〇年には、約七〇〇人だった人口も現在では三㎞四方に二〇万人がいると言われている。今なお移民は増えつづけ、北隣に位置する『リトル・イタリー』や『ロワー・イースト・サイド』に増殖し続けている街である。

みんなでタクシーを拾うために五番街に立っていたが、週末のせいかなかなか空車が来ない。しばらく待っていると、私たちの前に大型のストレッチャーが停まった。

「どこまで?」

と、身なりの良いドライバーが声をかけてくる。行き先を言うと、ドライバーは時計を見て、

「七人全員乗れるし$38.00でどうだい」

「いや、いい。高いから」

ボスが断わると、次の客を探して去って行った。

「今のはなんだい？」

私は聞いてみた。

「あいつらチャーターされたリムジンで雇い主を待っている間、ちゃっかりバイトをしてるんだよ」

「へーェ、そんな商売もあるんだ」

感心してしまった。

結局、タクシーを諦めて地下鉄で行くことにした。四二丁目のグラセン駅から快速の四号線でシティー・ホールまで行き、チャイナ・タウンまで歩いた方が速いだろうということになり、みんなでトークンを買って乗り込む。

この地下鉄は、一九〇四年にシティー・ホールからハーレムまでを一五分で結んだ最初の地下鉄である。一九八五年頃は、車内外共にペンキで落書きされた車輌ばかりであった。ＮＹ市の財政は、観光も大きな支えとなっていることから、地下鉄の美化運動にも躍起であった。そこで当時、日本企業が発明したペイントができないステンレス板を採用し、新型車輌に入れ替えて現在のようなきれいなものとなっている。

週末の夕方にシティー・ホール駅で降りる人はさすがに少ない。地上に出て西陽に照らし出されたマンハッタン・ブリッジを右手に見ながら、キャナル・ストリートへ男七人がゾロゾロと歩き出す。ちょうど裁判所の裏側になる。夜の七時ごろとはいえ、サマータイムに外はまだ明るい。しばらく歩くと前方に私服だが警備員らしき姿が見えた。

「おい、ポケットに手を突っ込んだり、鞄を持ち替えたりするなよ」

突然、ボスが言う。意味がよく理解できないまま、警備員に近づいていく。近づくにつれ警備員の手には、鈍く光るショットガンが

今では伝説となった、当時の地下鉄

握られ、防弾チョッキを着ているのが判った。別にどうってことはないはずなのに、何だか上半身が固まったまま横を通りすぎる。警備員は、私たちに鋭い視線を投げながら警戒心を緩めない。映画などでしか見たことがない銃だが、やはり本物は質感が違う。

「あいつの目の前で上着の内ポケットに手でも入れてみろ、その場で威嚇されるからな。気をつけろよ」

Part2

タイムズ・スクェアーでは、こんな場面に遭遇したこともある。

パトカーの目の前で信号無視をした乗用車がいた。パトカーはすぐ赤色灯を点けサイレンを鳴らして停止を命じる。乗用車はすぐに停まり、パトカーはその後ろにつける。運転していた警官は、左側の歩道から警戒しながら車に近づくが助手席の婦人警官は、右側のドアを開けたまま、そのドアを盾にするように腰の拳銃に手をかけて援護姿勢をとっていた。街の真中でたかだか信号無視程度だったが、警官から見るとどんな些細なことであっても法を破ることはそれ以上に何かがあると判断して、最悪の状況を想定しているようだ。些細な交通違反でも、相手がドラッグでもやっていれば警官だって殺されかねないのかもしれない。日本に暮らしているとあまりピンとこない場面だが、ＮＹでは日常茶飯事でこのような場面に出くわすことは多い。

初めて遭遇した時はまるで映画でも観ているようだったが、現実では、その場の緊張感に凄いものがある。

Part3

五番街では、こんなこともあった。

四三丁目と四四丁目の間に『東京書店』という古い小さな本屋がある。事務所の近くということもあり夕方時々、気分転換に利用することがあった。

その日も夕方近くにその店へ足を運んだ。どちらかと言うと雑誌よりも専門書の方が充実している。気に入った専門書が見つかったので買うことにする。やはり、￥マークを＄マークに置き換えているので、為替の分だけ割高ではあった。顔なじみの主人にお金を支払い表へ出た。ちょうど店に入る前から停まっていた黒塗りのミニバンの後ろに、パトカーが停まるところだった。見るからに不審な感じがする車だが、ただ停車しているだけのようである。そのミニバンに屈強な体躯の白人警官がゆっくりとした足取りで両サイドから近づいていく。

「誰かが通報したのだろうか？」

私は、事務所へ戻りかけた足を止めて、様子を見ることにした。

右側車道の警官は、ミニバンから少し離れて腰の拳銃に手を掛けたまま身構えている。歩道側の警官は、そのまま運転席の窓越しに何か話しかけている。ミニバンのドライバーは、パトカーが後ろについた時からドア・ミラーで見ていたのか、ハンドルに両手を置いたまま身動きをしない。警官は何かを問い質しているようだが運転者は黙秘しているようであった。すると突然、警官は拳銃を構えて車から降りるように命じた。遠巻きにして見ている野次馬の間にも緊張が走る。

まず、運転席の男を引き摺り出して歩道にうつ伏せにし、後部座席の者にも降りるように命じた。後部のスライドドアが開いて中から四人の男たちが頭に手を置いて降りてくる。はっきりとは判らないがどうも中近東の人間のようである。すでにもう一人の警官も歩道側に回り拳銃を構えて援護姿勢をとっていた。何があったかは離れて見ている私には解らないが、いずれも歩道に伏せさせ、後ろ手に手錠を掛けてしまった。警官は無線で応援を呼びながらも私たち野次馬に立ち去るように命じた。

映画でしか観たことがないような場面だったが、やはりその場の緊張感に物凄いものがあり、顔から血の気が引く思いだった。

Part4

縁があってのことだが……、生活にも余裕ができた頃、私は異国の地での一人暮しに終止符を打つことになった。毎日、軽井沢の別荘地から東京に通勤して行くようなNYでの生活環境は、独り占めするのももったいなく、また辛くなることもあり、再婚することにした。

九三年二月二六日。妻が久し振りに友達と会うのでマンハッタンに出てきたと、事務所に電話が入った。

「それじゃ、帰りに落ち合って食事でもしていくか」

と、電話を切ったのが昼過ぎ。その友達のご主人も、日本からの赴任で勤め先の商社はワールド・トレード・センターの八十階にあると聞いていた。

私の事務所内には、気軽に誰でも飲めるようにいつでもコーヒー・メーカーでコーヒーがいれてある。もっとも、コーヒー豆は毎月給料日に一人五ドルを出し合って買っている。

一息入れながらボスの部屋を覗くと、テレビを観ているところであった。

「何かありました？」

コーヒーカップを手にテレビへ目をやると『Tower Explosion』の見出しでブラウン管に映し出されているのは、ワールド・トレード・センターであった。小雪が降る中、夥《おびただ》しい数の消防士に警官、その向こうで割られた窓ガラスからモウモウとどす黒い煙が映し出されている。助けられた人たちは、みんな口の周りがパンダのように真っ黒になっている。

「ワートレが爆破されたらしいぞ」

「まさか？」

私はコーヒーを口に運ぶ手が止まったまま、テレビに見入った。

「こりゃいかん、早く妻の友達に知らせてやらなければ」

と思ってはみるがその手立てがない。

現在なら『ピピピッ』と携帯で連絡が取れるところだが、当時はまだ携帯電話がそれほど普及していなかった。途中で妻が連絡をいれてくれないかと思いながら、仕事をするしかなかった。やはり夕方まで連絡は入らなかった。待ち合わせの場所は『Pan Am』ビル（NYの象徴の一つの建物だが、九三年一月に『Met Life』のサインに掛け替えられた。パンナムビルとしてこの時が最後の待ち合せ場所だったかもしれない）。そこまでは、歩いても二分とかからない。

私は、仕事を終え待ち合せ場所に急いだ。五分、十分と約束した時間は過ぎていく。イライラしているとやっと姿が見えた。

「おーい、友達はどうした」

焦って聞く私に、

「五時過ぎに別れたよ」

とのんびりしている。事情を話すと妻も慌てて、別れた友達に電話を掛けにいく。が、まだ帰っていないようだ。

「買物して帰るって言ってたからまだじゃない」

しばらく二人で気をもんでいたが、連絡が取れないのでは仕方がない。心配しながらも久し振りのデートにとりあえず食事に向かうことにした。

事件は、ツー・ワールド・トレード・センター・ビル地下二階駐車場に停めてあったワゴンを爆破するテロで八人が死亡、一〇〇〇人の負傷者がでたものだった。爆発と同時に全館停電になったが、ビル内に情報はなく真っ暗な中、友達の夫君は、非常階段を手探りで七時間もかかって降り、夜の十一時過ぎに帰宅することができた。顔は煤けて焦燥しきっていたらしい。

このテロ行為は、世界中にセンセイションを巻き起こした。アメリカ当局は、ＮＹで周到かつ大胆に行われた犯罪に、アメリカの威信をかけてＦＢＩを中心に大捜査を展開することになった。

このワートレは、『ニューヨーク・ニュージャージー港湾局』の管轄になっている。この時に噂になったのが、ワートレには、公表されていない政府の機関があり、それを狙ったものらしいとか、冷戦終結と景気後退により国防費の縮小を防ぐため、CIAによる謀略などといったことが広まった。

しかし、政府は一般市民を狙った無差別テロ、特にこの2w・T・Cは最上階と屋上が一周四〇〇ｍの展望台となっており、この日も多くの小学校から遠足が行われるなど一般市民を狙った無差別テロと発表した。

捜査当局はその後、速やかにして極めて短時間にニュージャージー州でイスラム原理主義者のグループを犯人として逮捕した。が、果たして真実だったかどうかは闇の中に消えることになった。

Episode23　暴動

午前中の仕事を終え、歩いて事務所へ戻ることにした。昼時だったので五番街のベンダー

（屋台）でメキシコ料理のタコスを買い、近くのセントパトリック教会の階段に座って食べることにした。これもニューヨーク・スタイルである。天気は、薄曇だがさほど寒くもなく、たまにはNYスタイルもいい。道行く人たちを観察しながら食べるのもなかなか面白いものだ。だがよく見ると、目の前を行くニューヨーカーが何だかいつもより速く歩いているように見える。ロックフェラー・プラザの前にあるバス停には行列ができている。

「？」

と思いながらも、腹の虫はボリュームあるタコスを待っている。レタスにオニオンとたっぷりの挽肉の上にチリソースが掛かっている。このチリソースがなかなかの曲者で、跳ねて服に付くと落ちにくいので注意をしなければならない。屋台といっても決してバカにはできない。味もボリュームもたっぷりである。これで$3.50は満足の一語に尽きるというものだ。飲み物は、レギュラーコーヒーのLサイズで七五セントとくれば、いつも行く日本レストランで、タックスとチップ込みで$10.00もとられるよりよほど良い。はるかに安く食べられる。

食べ終えて再び事務所に向かって歩きだす。だが、やはり普段見慣れた風景とは何となく違う。私は四八丁目からマディソン街へ曲がってみた。しかし、こちらもバス停には行列ができている。

事務所が入っている、342Madisonビルはバンカメ・ビルのむかいにある。回転ドアを押してエレベーターホールに向かうが、出て行く人のほうが多いような気がする。

「ただいま！」

と、事務所のドアを入ると、いつもにこやかな笑顔で迎えてくれる受付の女の子がレセプション・デスクにいない。事務所の中も人が少ないような気がする。だが、ボスはいた。

「一体どうしたんですか。何かあったのかな？」

怪訝な顔で続ける。

「表のバス停も凄い行列ができていたけど？」

ブリーフケースを持ったまま、ボスの顔を覗いた。

「帰ってきたか。例のロスでおこった白人警官の暴行事件。あの暴動がこっちにも飛び火して、ワシントン・ハイツで暴動が起ったらしい」

ボスは、続ける。

「メーシーズのウィンドーなんかも壊されたりしているらしいから、今日は昼からみんなに帰ってもらうことにした。だから、君たちも今日はこれで帰ってくれ。私も最後に帰るから」

残っていた同僚が言う。

「こっちでは、自分の安全は自分で守るのが鉄則。会社は面倒を見てくれないからな」

と、一緒に帰るぞと促す。初めてのことにあまりピンときていない私だったが、とりあえず帰ることにした。

「それじゃ、お先です」

「気をつけてな」

私たちはボスを残して事務所を後にした。

この年、ロス・アンジェルスで白人警官4人による黒人少年の容疑者への過度な暴行が発覚し、人種問題にまで発展した事件があった。その後、裁判でも白人に有利な展開となったため、黒人の不満が一気に膨れ上がり暴動にまで及んだものである。

日本でも大々的にニュースで取り上げられたのでご記憶の方も多いと思うが、この騒ぎがNYにまで飛び火してしまったのだ。

『ワシントン・ハイツ』とは、ブロード・ウェイを北上した一五五丁目の西側にある歴史的な場所であり、独立戦争時の拠点として有名なところでもある。住所で分るように現在では、ハーレムの中心となる場所でもあるせいか、歴史的怨念のせいか、事ある毎に暴動などの拠点になる場所であった。

私たちが事務所を出てグラセン駅に着く頃には、『メーシーズ百貨店』（Macy's）を襲った暴動は再び北上してアップタウンに向かっていると、帰宅を急ぐサラリーマンが話していた。『MACY'S』は、NYでも老舗の百貨店として有名だが、元は婦人アクセサリーを主として一八五八年に『ローランド・H・メーシー』によって創立された。南北戦争のブームにのって成長を遂げてきたが、一九九二年に『Chapter11』（アメリカ連邦破産法十一条）いわゆる、会社更生法を申請している。

駅のコンコースは、帰宅を急ぐ人で溢れかえっていた。発着を示す掲示板には、何の表示もされていない。人に尋ねてハドソン・ラインのトラックに急ぐと、そこも人で溢れていた。日本では、当たり前の光景だがこのNYでは、見たこともない状況である。

列車は入線していない。いつ来るかも分らないらしい。とにかく待つしかなく人を掻き分けトラックの中ほどまで進むことにした。アメリカ人は待つことには平気だが、日本の通勤電車のようにギュウギュウ詰めで人とくっつくことは避ける人種である。

毎日の通勤でも電車の三人掛けシートで両サイドに人が座っていたらほとんどの人が真中には座らない。体に触れることを嫌ってなのか立ったままの人が多い。

電車が来ないのでトラックの端で騒ぎ出す連中が出てきた時である、やっと一本の電車が入ってきた。私たちが駅に着いて一時間ほど経った頃である。扉が開くとドッと車内になだれ込む。まるで山手線並みで私はすっかり驚いてしまった。アメリカ人でもいざとなればやるじゃないか。そう、自己責任において安全を守るとなれば別のようである。しかし、あまりにもすごい勢いで押し込む姿に怖くて乗ることができない人、乗りたくとも乗れずにトラックに取り残される人とてんやわんやのパニック状態になってしまった。私たちも後ろの方に並んでいたので扉まで辿りつけないでいた。だが、日本でとった杵柄（?）。ここで引くわけにはいかない。第一、この列車に乗れなかったら帰れるかどうか分らない状態では、ここは何としてでも乗らねばならない。

しかし、アメリカ人に比べて体が小さい私たちは、車輌の連結部のところまで押し戻されてしまった。

「おい、どうする」

ブリーフケースがなくならないようにしっかりと握り直して同僚に尋ねた。

「どうするもこうするもこれに乗れなかったら次はいつ来るかわからないぞ」

とその時、一人の若者が連結部にしがみ付いた。車内はギュウギュウ詰めだが連結部のところには誰も乗っていない。私は同僚と顔を見合わせてお互い肯き、その若者に習うことにした。

この連結部はカバーが施されておらず車輌の行き来はできないところであった。それだけに外から乗ることができる。とにかく乗って何とか態勢を整えてみると大人三人が振り落とされずに捉っていることができそうだ。さすがのアメリカ人も呆れた顔で見ている。トラックに残された人たちに見送られ（？）ながらやっと列車が動き出した。

長いトラックは、地上でいうとパーク街の四三丁目あたりから五十丁目ぐらいまであり、そこから先は、四十二本あるトラックが徐々に絞られて二本の線路になってしまう。そして、一一〇丁目から地上に出て高架鉄道となっていく。

列車は、トラックを離れ本線に入るまで幾つもの切り替えをゆっくりと通過し、次第にスピード

通勤電車

を増していく。切り替えを通るたびに列車は大きく揺れる。毎日の通勤では、それほど感じなかった切り替え部の通過だが、この日ばかりは大変なものがあった。トンネルの中は所々に明かりが点いているが車輪と線路の摩擦から独特の金属音と臭いがして緊張を増幅させていく。勢いで連結部に乗ってはみたものの、生まれて初めての経験に私たち三人は必死で捉っていた。

「大丈夫」

「こりゃ、凄いね」

「がんばろう。よろしく」

と、白人の若者と挨拶を交す。こんな時でも挨拶をする、これがアメリカである。もっとも握手をすることはできなかった。手を離すと振り落とされてしまうからである。必死に捉っていると、見るに見かねたのか、車内のアメリカ人が中から扉を開けて手招きをしてくれた。中に入れと言うのである。ギュウギュウ詰めの車内だが、数人のアメリカ人が車内にスペースを作るように呼び掛け、私たち三人を無理やり入れてくれたではないか。

「ありがとう。助かった」

すし詰め状態でもやはり車内の方がいい。殺気立った車内だったが私たちの周りでは、我々の行動に色々と話が盛り上がり笑い声もする。けっこう、みんな善い人たちなのだ。

こうして私は、同僚と無事に帰宅することができた。翌日会社へ出ると昨日の暴動騒ぎがデマだったことを知った。確かに、ホワイト・ハイツに群集ができたのは事実だったが、メーシーズは壊されたりなどしていなかったのである。

Episode24 インタビュー

日本では、ほとんどの病院では支払いにクレジットカードを使用することができないが、アメリカではそれができる。確かに病院にかかった時、診療費がいくら掛かるか解らない時がある。急患など特にそうである。日本では、信用の最優先がまだまだ現金である。また、厚生労働省の規制により病院を選択することはできても、医者を選ぶことができない。

だがアメリカでは、患者側が医者を選ぶことができる。もちろん、救命医療ではそんな悠長なことは言っていられないだろうが……。

ＮＹで出産をすると『一万ドルベビー』と言われるが、出産においては全てが分業態勢のシステムになっている。

ここでは、ＮＹで子供が産まれるまでを簡単にご説明しよう。

まず、妊娠をする（これ当たり前の話）。そして臨月を迎える前に、掛かりつけの産婦人科医を決めなければならない。ここまでは、日本でも同じ。定期検診はその病院で行うが、もしそこがラマーズ式を推奨していると、その専門師を第二に決めることになる。この専門師には、夫婦揃って週末を使い、三、四回ほどの講習を受けることになる。

予定日の一ヶ月ほど前、病院を紹介するツアー（下見）が開催される。そこでは、陣痛がはじまって病院に到着してからの手順などを細かに教えてもらえる。もちろん、病室や新生児室なども見学でき、この病院で良いとなれば予約もできる。だが、このツアーに参加したからといってそこで予約を強制させられることはない。このようにして予備知識が与えられるため、何時どのような時間帯に病院に駆け込んでも、何の不安もないのである。

次に、陣痛が始まると、まず産婦人科医に電話連絡する。医者は状況を聞いた上で判断し、必要とあれば病院に行くように指示を出す。日本と同じようにタクシーを事前予約することは可能だが、特に夜中など、自分の車で行くことが多いようだ。病院に着くとすでに産婦人科医から連絡を受けた当直の看護婦が待機している。受付で名前を告げると、後はシステマチックにことが運ぶ。やがて、産婦人科医がやってきて病室に顔を出す。様子を見ながら、いよいよ出産が始まるとみると看護婦に指示を出す。

日本ではここで、分娩室に移動するがこの病院では、なんと病室がそのまま分娩室に速変わりしてしまう。つまり、患者はベッドに寝たままでよいのだ。

ラマーズ式出産では、夫が出産に立ち会わなければならない。病室には、暖房が入っておらず寒い。コートなしではとても我慢できるものではないのだが、陣痛の始まった妊婦にとっては寒さなんかどうでもよいらしい。

「スーッス、ハーッハ」

と、一緒になってやっている。ラマーズ式では、夫のほうが先に親になる。産まれてきた子供と最初に対面することになるからである。

普通分娩なら病気ではないということで、日本のように一週間も入院させてくれない。出産日を除いて、三日目には母子ともに退院することになる。

ただし、退院にあたっては事前に小児科の主治医を決めて届けなければならないが、退院までに決まっていなければ後で届けでることになる。子供の主治医を決めるために、色々な情報から選定をし、直接アポイントを取る。この時、子供を連れて診せに行くのではなく、まず両親が医者にインタビュー（面接）にいくのである。日本ではとても考えられないことだが、こちらでは当り前である。

インタビューについては、医者としての経歴やケアの仕方などを尋ね、子供の主治医として適格かどうかを判断すれば良いのである。もちろん、医者の方も私に任せれば大丈夫とアピールはする。しかしここで注意しなければならないことがある。インタビューにおいて医者の結婚暦や家族構成、または、同性愛者かなどプライバシーに触れることを尋ねるのはタブーである。つまり、医者としての腕や子供のケアと関係ないことを質問した後でこの医者を選ばなかった場合、差別したとして医者から訴えられても仕方ないのである。日本人にとってはそういうことがどうしても気になるものだが、くれぐれも注意していただきたい。

このように患者側が医者を選ぶことができるシステムは、日本の厚生労働省にも見習ってほしいものである。特に近年において、医療事故や医療ミスが頻発している中で、患者側は医者を選ぶ術がなく受身の一方であるのだから。

全てにおいて契約社会であるアメリカでは、常にインフォームド・コンセントの徹底により、医者と患者とで責任をきちんと分けていることも付け加えておこう。

Episode25 Ceremony（3）

プロジェクトもいよいよ佳境に入り、ビルも内装工事の段階に移っていた。準備室ではテナント誘致に努力はするものの、アメリカは依然として景気後退が続き、日本ではバブル経済が破裂しはじめて、なかなかテナントが埋まらないでいた。

アメリカ企業の借り手がつかないのには、もうひとつ理由がある。こちらのオフィスでは必要条件として、個室式にするのが常識となっている。そのため、窓を設けることが必須であったが、我がビルは西側が五番街に面して東西に細長く建っている。開口部は西側のみで南も北も、そして東側もビルに囲まれた形になっていた。もちろん上層階は、窓が設けられているが小さいものだった。当然、無窓の部屋が多くなり、テナント候補は二の足を踏むのである。

そんな中、ようやく一九階に本社からの紹介で日系企業の一社が契約することになった。ネクタイを中心にした紳士小物の卸販売をする会社で、ショー・ルームを併設したオフィスであった。その内装デザインを私が担当することになり、打合せが始まる。デザイン・コンセプトは、一九階の高層にありながら『フランスの地下室』。私はこの仕事を通してなかなか面白い経験をすることになったが、詳しくは次の機会にすることにしよう。

最後のオープニング・セレモニーは、予定通り九三年春に行うことができた。例の設計変更による遅れは何としてでも取り戻せと、本社財務より至上命令がでたのである。予定を延ばすほどの財務余裕はないとのことであった。我々は総員を挙げて全力を尽くしたのである。三回目の冬を迎えたオープニングの準備は、ほとんど毎日深夜にまで及んだ。商品の納入もはじまり、家具や什器も搬入されてきた。什器などのデザインや配置は、日本の本社で計画された物が予定通りに入ってくる。

今回のプロジェクトのために本社は、現地の副社長としてNYの老舗デパートから一人のキャリア・ウーマンをヘッド・ハンティングして参画させていた。その女性から、搬入した什器のデザインや配置について、土壇場で「待った」がかかってしまった。NYで展開する店に日本のテイストでは「NG」とのこと。NYには、NYのテイストがあると言うのだ。そこで急遽、一部の家具を作り替え、什器計画の見直しに、現場では大わらわとなってしまう。結局、什器の半分以上を倉庫に移してしまった。

しかし、彼女のテイストで手直しされた店内は、さすがに日本のそれとは違い、NYの感性で構築されたものとなり、百貨店というより、まるでショウ・ルームのような雰囲気が漂う店ができあがることになった。評論家からも物を買うところではなく、見るためのショウ・ルームだと評され、小さい売場面積を意識させない個性的なものとなっていく。

従業員の服も彼女のテイストによる。全員私服ではあるが、上下が黒であればなんでもよい、といった統一だけである。とても日本の百貨店的発想ではない。

このプロジェクトが進行する中で日本から進出していた同業店では、どのような店造りがされるのか、鵜の目、鷹の目の情報合戦が水面下で繰り広げられてもいた。在米日本人の間では、いわゆる『デパチカ』ができるとの噂が絶えず、期待も膨らんでいた。和洋惣菜や和牛肉などが安心して買えると……。

しかし、担当役員の設計変更で完成した我がデパ地下は、菓子ギフトとティー・ルームに落ち着いたのである。さすがに日本の老舗と言われる百貨店が、NYのド真中で$1.50のコロッケを売るのは憚《はばか》られたようだ。私的には、コロッケを販売してもよかったと今でも思っているが……。

『Opening Ceremony』は、三日間も行われる予定で進められた。

第一日目は、プレス関係へのお披露目パーティー。第二日目は、日本総領事やNY市、それに地元五番街商店会などといったゲストを迎えてのパーティー。そして、第三日目がテープ・カットによるグランド・オープニングといった具合である。

この頃、日本から海外赴任として、すでに四十名近い社員が常駐していた。全員が裏方に徹し、万全の準備に掛かることになった。受付や案内係、エレベーター・ボーイにセキュリティーといった具合である。が、その裏方でさえセレモニーの間、タキシードを着用との指示が現地の社長からでた。社長は、三十年以上もＮＹに住んでいる人間で、当然のように思っているらしい。だが、社長以外は誰もタキシードなど持っている人間はいない。社長曰く、

「ＮＹに住んでいてみんなタキシードも持っていないのか。ＮＹにいれば、オペラやコンサートなど着る機会は多くなるから一着は買っておきなさい」

まるで持っていないのが非常識だと言わんばかりに、半ば業務命令的に全員が買うことになった。私も初めてタキシードなるものを買う。「その内、オペラを見に行くこともあるか」と自分に言い聞かせたが、実際はこのセレモニーが終わって半年も経たないで帰国することになってしまうのである。

「何がオペラだ。何がコンサートだ」

とは、後の祭り。

セレモニーは、プレス関係のレセプションに始まった。店内の至るところにドリンク・バーを設け、七階のフロアーには特設のステージにＤＪを配して簡易の『クラブ』を作り、日本では、やらないような竣工式となった。

もちろんこのようなパーティーを企画運営するエージェント会社に依頼したものだが、その雰囲気作りにはさすがに手慣れたものがある。

メイン会場となった八階には、簡易のキッチンを設け、テーブルには花が飾られてのフルコースが振舞われた。円卓についたゲストには、日本総領事をはじめ、日本から出店している同業の各社長や地元商店会の会長、ビルの設計者を日本から来た社長や役員が迎えることになった。エージェントが派遣したウェーターやウェートレスは、黒のTシャツとパンツ・ルックにまるでモデルと間違えそうな『カッコイイ』人たちばかりである。

このセレモニーは、現地のスタジオに依頼して、ビデオ撮影を行うことにした。カメラ・クルーと共に私は、プロデューサーとして各フロアーを行き来していた。私のボスは十二階の事務所で待機している。竣工間もないビルでは、必ずと言っていいほど何かとトラブルがつきものである。大事なゲストを迎えてのレセプションに停電などがあっては、社の顔が丸潰れになる。ローカル・スタッフのアメリカ人たちには、セキュリティーを担当してもらっていた。

私は各会場を撮りながらパーティーの進捗をボスにインカムで時折報告する。旅の恥は掻き捨て的日本人は、どうしても中に一人や二人いるものだ。日本から社長と共にやってきた役員のひとりなどは、自分より背が高いスレンダーな女の子を両手に抱えんばかりで、クラブのハウスミュージックで踊り狂っていた。

パーティーは滞りなく進んでいるが時間はまだ夜の十一時。NYではこれからが『エンタケナワ』となってくる時間帯である。カメラ・クルーもタキシードに身を包んでの撮影だがすでにヨレヨレになっていた。熱気ムンムンのディスコ会場を一旦出ることにした私たちは、ビルの夜景を撮ることにした。イベントのエージェントは、夜のパーティーに花を添えるため、ビルの外観をサーチライトで照らし出す企画を盛り込んでいた。夜の五番街でも一際目立つそのアイディアは、道行く人や車の脚を止めていた。ニューヨーカーも多少のことでは驚かないのだが、景気後退の沈んだ不況の中でのパフォーマンスには、さすがに何事かと尋ねていた。

セレモニー第三日目。いよいよグランド・オープニングがはじまった。スタッフはみんな疲れている。二日目に、七階から降ろした特設ステージを一階に組み立て直して、ハイヤーで帰宅したのがすでに日付が変わってのことだった。そのステージでは、鼓に和太鼓といった邦楽隊がリハーサルを行っている。社長も予行演習に余念がないものの、メイン・ゲストが予定の十一時を過ぎても到着していない。

私は、カメラ・クルーを連れて表で待つことにした。しばらくするとパトカーが二、三台停まり、所轄の警察署長が直々にお出迎えに現われた。制服警官も入口周りを固めはじめた。その他、よく見るとインカムを耳につけた私服の護衛官が何人もいる。彼らが突然慌ただしく動きはじめ、同時に先発の警官がビルの前を交通整理しはじめた。すると、白バイに先導されてパトカーに挟まれた黒塗りのリムジンが乗りつけて来た。

そう、メイン・ゲストの到着である。彼が車から降りてくると同時に、マスコミのTVカメラが近寄る。当時、黒人で初のNY市長となったディンキンズ氏であった。社長は通訳を介して挨拶をし、満面の笑みを浮かべている。予定より二十分程遅れてのことだったが、ディンキンズ市長はオープンを待つ人やマスコミに向かってリップ・サービスをする。

「日本の百貨店が今オープンする。みんながどんどん買ってくれると、社長は喜ぶ。そしてNY市も法人税で財政が潤い、私も喜ぶことになる。そうすると私の人気も上がってくる」

まるで『風が吹けば桶屋が儲かる』的スピーチであるが、大ウケである。さすがにアメリカ人は、ウィットに富んでいる。日本だと、まずは胸に大きなバラの花をつけ、堅苦しい挨拶からといったところか。

さっそく、大きな鋏が用意され金色のテープがカットされる。余計なことだが英語では、テープ・カットのことをリボン・カットと言う。

オープンニング・セレモニーの前日まで、プロジェクトのために赴任してきたスタッフと共に、商品に値札をつける作業を毎日深夜まで、人海戦術で行うなどの苦労をしたこのビルのグランド・オープン。テープ・カットと同時に邦楽が鳴り響き開店の運びとなった。客は日本人とアメリカ人が半々ぐらいである。

かくして、一九九〇年十二月に『Braking Out Ceremony』に始まったプロジェクトは、一九九三年三月に終わろうとしていた。

この間、決してスムースにプロジェクトが進んでくることはなく、紆余曲折があったことは歪めない。プロジェクトの詳細については、また別の機会に書くことにしよう。

Episode26　熱波

帰国が突然決まった。プロジェクトによる新しい店の華々しいオープニングから一ヶ月半が過ぎる頃、現地の社長に呼ばれた。

「八月をもって帰国になります」

この一言で、私の海外赴任に幕が降ろされることになった。

「おいおい、最低でも五年の約束じゃなかったのか。こちとらそのつもりで色々と計画を考えているんだ」

とは、独り言。デザイナーと言ってもしょせん企業のサラリーマン。辞令を覆すほどの理由もなければ勇気もなく、この日から帰国準備に入る。子供が産まれてから三日目の話しである。当初のアメリカ赴任予定は、最低で五年間の筈だった。ところが日本では、バブル経済が弾けたことから日系の各企業は撤退を含んだ海外法人の見直しがなされていた。結果、私の帰国も早まることになってしまったのだ。

早くなった帰国を日本に知らせると、父と兄が慌てて飛んできた。私がこちらにいる間にゆっくりと出てくるつもりでいたようだが、そんなことは言っていられなくなったらしい。父と兄のそれぞれの休暇を合わせていたら私は帰国してしまう。そこで二人は、大慌てで金曜日の夜のフライトで金曜日の朝に入国し、月曜日のフライトで帰るといった強行策にでた。NYの気候も一年中で一番良い六月である。私は、金曜日と月曜日の休暇を上司に伝え、すがすがしい木曜の夕方会社を後にした。

翌日、九時半に到着する便に間に合うよう、一時間前にアパートを出ることにした。

「雲ひとつないいい天気で良かった。でも、昨日よりちょっと暑いかな」

そんなことを思いいながらJFK空港に車を走らせた。朝の渋滞もあったが九時半には空港のパーキングに車を入れることができた。通関して出てくるまでにどうせ時間はある。余裕を持って、エアコンのきいた車から出たが、一時間前より外は大分暑くなっていた。

到着ロビーに向かう。飛行機は国際線にも拘わらずオンタイムで到着していた。朝早いせいか、あまり待たされもせず父と兄を迎えることができた。久し振りの家族再会とはいっても、男同士では挨拶など素気無いものである。非常に限られた時間での渡米でもあり、さっそくパーキングへ向かう。ターミナルの出口では、相変わらず黒人のおにいちゃんが荷物を持ってあげるからチップをくれとせがむ。私たちは、彼らを無視して外へ出た。そのとたん異様な熱気が私たちの身体を包んだ。

「何だ、これは!」

父が口を開いた。とんでもない暑さになっていた。車は少し離れたところに停めてあり、ハードケースのキャスターをゴロゴロいわせながら車まで辿り着く。時間にしてほんの二〜三分である。それなのに、三人とも全身から汗を噴き出していた。車のトランクを開ける前にエンジンをスタートさせ、すぐにエアコンのスイッチを入れる。しかし、冷気が出るどころか温風が吹き出してくる。温風が止むまでしばらくの間は車に乗れたものではない。

父も兄も、NYは一八年振りぐらいなので、私は見物がてらマンハッタンを通って行こうと考えていた。しかし、父が言う。

「おい、一番近い道で真っ直ぐ家へ行こう」

「おい、もっとエアコンを効かせろ」

何だか殺気立ってきた。

家へ着いた二人は、妻の挨拶もそっちのけでビールを一気に飲み干すと、やっと大きなため息をつくこととなった。

この年、今世紀最大と言われた熱波が襲来したのである。熱波（英語でも、そのままにHeat Waveという）は、とにかく空気が熱くなるのである。普通、猛暑でも日陰に入ったり、扇風機を回すとそこそこ涼しくなるものだが、この時ばかりは違った。家の中にいてもまるでサウナ状態。扇風機なんぞを回すとかえって暑いのである。

アパートは、西側に川があり遠くまで開けているので、窓を開け放すと心地よい風が抜けて、エアコンどころか扇風機すらいらないぐらいなのである、普段なら……。

日なたに出ると、みるみるうちに腕から汗が玉になって噴き出してきた。本当に『噴き出す』と言った表現がピッタリである。人一倍汗っかきの父（これは、多分ビールの飲み過ぎではないかと思うのだが）のためにもさっそく窓を閉めてエアコンをつけることにした。

このアパートには、元々壁に埋め込まれたエアコンがあった。築六十年以上のアパートに取り付けられているものだから、エアコンといってもひと昔もふた昔も前の代物で、いわゆる

『クーラー』という奴である。大きさだけは馬鹿でかく、いかにも効きそうなのだが……。

スイッチを入れると年季の入った唸り声を徐々に高めていく。とてもエアコンいう物が出す音ではない。スイッチを入れてから、一〇分……、二〇分、騒音（?）の割には一向に冷えてこない。人は、うるさい音の中で会話をすると、自然と声が大きくなってくる。閉め切ったまま四〇分も我慢（?）して話していたが、もう限界である。しかし、この時ばかりはそれでもこの年季の入ったクーラーに頼る方がましであった。

この年から三年間、NYでは毎年のように熱波の記録が今世紀最大として更新していくことになる。

Episode27 地ビール

規制緩和により一九九六年頃をピークに日本の各地で地ビールが流行り、各地で割高（?）なビールが出揃った感がある。しかし、販売ルートや流通経路に販路を見いだせず、自然淘汰されてきた気配もある。どうも日本人は、ちょっとしたブームに安易に走りやすいところがあるようだ。

ところでアメリカのビールと言えば、『バド・ワイザー』に『ミラー』などは日本でも有名であるが、アメリカ国内には、まだまだたくさんのメジャー級、準メジャー級のビールが存在する。もちろん東海岸と西海岸でそれぞれに方言があるように嗜好も違い、売れ筋商品には温度差があるものの、日本の村おこし的に作られたような地ビールが数多く存在していた。

私が住む、ウェスト・チェスター郡でも地ビールがある。パブリック・ゴルフ場の売店でしか売っていない物だったが『ローリング・ロック』（当時、$2.00）だ。日本と違って酒税率や規制が緩和していたため、価格も安くそれぞれの地域だけで成り立っているものが多い。

このマイナーな地ビールというものを知ってからは、出かけた先で必ず探して買うようになってしまった。地元のスーパーなどを覗き、買い集める楽しみを見つけたのだ。

一九九三年七月四日の独立記念日は、日曜日。ボストンの花火大会を観に行くことにした。

その朝、濃い緑の樹々が生茂った我が町を後に、まずは国道九五号線でコネチカット州のニューヘブン（New Haven）を目指す。走り慣れた高速道路からの眺めは見慣れているものの、落葉樹がほとんどのNYでは、冬と夏ではまるで景色が違う。なれた道でも間違うこともある。

ニュー・ヘブンは、NYのグラセン駅を終点とする通勤電車ニュー・ヘブン線の始発駅でもある。アメリカで三番目に古いことでも知られ、一七〇一年創立のエール大学がある街でもある。

　NYの東北に位置するコネチカット州は、三分の二が山林地で昔から硬木の伐採が盛んである。アメリカ独立の十三州の一つで、重要な役割を果たしたこともあり、史跡も多く、十七～一八世紀に建築された建物の保存に力を入れている州でもあった。また、大西洋に面した海岸線を有することから、保養地や観光地も多い。

　ニュー・ヘブンからは、国道九一号線でコネチカット州の州都である、ハート・フォード（Hartford）へコースを取る。一六三六年に造られた、アメリカで最も古い街のひとつになる。さすがに州都だけあってダウンタウンには、近代的な高層ビルも建ち並ぶ。これらのほとんどが約五〇社に及ぶ保険会社の本社ビルであることから、別名で『The Insurance City』（保険の街）とも言われている。

　近代的な建築物と一緒に市内には、マーク・トゥエイン記念館など古い文化施設も大切に保存され、新旧混在した都市として観るところも多い。

　こうした都市と都市を結ぶ道は、ハイ・ウェイやターン・パイクで構築されている。元々、アメリカの道路は一八世紀末にイギリスの『ターン・パイク』（有料道路）方式が取り入れられ、利用者が通行料を負担する道路が一八三〇年代になるまで発達していた。当然、現在のような舗装がされたものではない。自動車が発明されるずっと以前のことで、利用していたのはもっぱら馬車であった。しかし、二十世紀に入って自動車が現われると高速道路の原型となる道路建設が進められるようになり、馬車街道は終わりを告げることになる。ハイ・ウェイ計画が一九四四年の議会で発表され、一九五六年にガソリン税（連邦税）を道路建設に充てる形で道路信託基金制度が施行され、道路建設費の九割を補助する形で進められていった。計画発表から四半世紀後の一九七〇年代には、アメリカ全土で六万五千㎞にも及ぶインターステート・ハイウェイが整備されることになった。このハイ・ウェイは、アメリカ全道路の一％強にあたり、全交通量の二〇％強を占める大動脈として、全米の都市と交通を発展させてきた。

私は知らない街を通るのが好きなので、時間が許す限り街を観ていくことにする。私たちは、この街で昼食をとることにした。さすがにシティー・ホールは、歴史を感じさせる建物であり、その前に広がる緑の芝生に座って眺めていると、何かを問い掛けられているようにさえ感じる。週末ということもあって、ダウンタウンは閑散としていた。パーキング・メーターにコインを入れ、目の前のレストランに入ってみることにした。旅の途中の知らない街で飛び込んだ店で食べる名物料理……的な食べ物は、アメリカでは何処に行ってもほとんどない。あるのは、ハンバーガーだけ。

このアメリカン料理を代表するハンバーガーと言えば、そのルーツは古い。一九〇四年、セントルイスで開かれた世界博覧会において、地元のドイツ系移民によって売り出された、フィンガー・フード（手で摘んで食べられるもの）が元となると言われている。後に第二次大戦中の食糧不足の時に『Chopped Steak』（挽肉を固めて焼いたもの）つまり、肉不足の時に細かく切ったものを丸いパンに挟んだことに始まるが、当時漫画の『ポパイ』で仲間のウィンピーが食べ続けたことから国民食になったとも記されている。

さっそく、メニューを見ると数種類のハンバーガーやサンドウィッチ、それにサラダ類が多く載っていた。いわゆる、アメリカン料理のレストランである。多種民族の集まりであるＮＹでは、フレンチにイタリアン、チャイニーズにベトナムなどといった世界中の料理が食べられる。そして、それぞれの料理に定義が設けられているが、この本を読まれている方でアメリカン料理を定義付けられる人がいるだろうか？

そう！　定義や実態はないのである。アメリカは、多国籍の移民ではじまり、ヨーロッパ列強の国々による植民を経験する内に料理としてのアメリカンは生まれなかったようだ。ただし、植民地時代から独立し、西部開拓時代を経て現在に至るまで、ローストした肉類に茹でた野菜のバター和えと甘いプディングといった形は基本的にあるようで、強いて言えば、これがアメリカンの家庭料理と言えそうだ。

食事を済ませると私たちは、八四号線でマサチューセッツ州に入り、九〇号線を使ってボストンへ向かうことにした。

国道九〇号線は、大西洋に面したボストンを基点とし、西の太平洋に面したシアトルまで続く道路である。そのため、ダウンタウンまで一気に行くことができるが都心に近づくほど渋滞が烈しくなってくる。

アメリカの国道の番号は、偶数が東西に走り、奇数が南北を走る道路に付けられていて、とてもシンプルで判り易くなっている。

『ボストン』（Boston）は自然の地形を利用した良港で、漁業と海運業でアメリカ有数の港湾都市として栄えた街である。また一方では、独立革命の火蓋を切った所として、当時の史跡が点在する街でもあった。ダウンタウンから離れたケンブリッジ地区には、ロボット・コンテストでも知られる、ＭＩＴ（マサチューセッツ工科大学）、それにアメリカ最古の大学である、ハーバード大学などがあり、文化と学術の都市としても知られている。

今回の旅行は、帰国の内示がでてから色々な準備に追われていて、思い立つのが遅かったこともあり、やっと取れたホテルは、花火のメイン会場となるロングフェロー・ブリッジよりチャールズ川を更に上流へ行った、ケンブリッジ地区側であった。国が異なっても人間、考えることは皆同じで、花火大会を目当てにバケーションを取った人はそれはたくさんいた。つまり、ホテルの宿泊客でも駐車場に停めることができないくらい満杯状態だったのである。

ホテルの最上階は、回転展望レストランになっていて、花火のために席はすべて予約済み状態。それも宿泊客以外で、一年も前からの予約がほとんどだという。これにはさすがに驚いてしまった。おまけにホテルの前の河原でも、明るいうちからビニールシートで場所取りがされている始末。これじゃ、まるで隅田川の花火大会である。川にも、大小さまざまなヨットからクルーザーまでが集結して、メイン会場の方まで繋がっている。それらの合間をぬって水上パトロールも行われていた。

花火は予想通り、隅田川（?）だった。ただひとつ違うのは、

「タマヤアー」

の掛け声がないことぐらいで、限りなく日本的な夏の一夜を過ごしたのである。

ボストンの中心地は、一九五〇年代後半から都市の再開発が進み、超高層ビルの合間に歴史的建物が堂々と残っている。アメリカ独立戦争の切っ掛けとなった、『ボストン茶会事件』のミュージアムも、そんな中、コングレス通りブリッジのたもとに再現されていた。一七七三年、イギリスの植民地であったアメリカに茶税法が制定され、東インド会社の船が茶を積んで東海

岸の主《おも》だった港に入港してきた。だが、植民地にとって茶は圧制以外のなにものでもなく、ニューヨークとフィラデルフィア、それにチャールストンでは荷揚げをさせずにイギリスへ追い返すことに成功した。だがボストンだけは入港したため、これに怒った民衆がインディアンに変装して茶船に乗り込み、三四二箱、約9万ドル分の茶箱を海に投げ捨てたのだ。これが今のアメリカを創る原点となった事件だということは皆が知るところである。

次の朝、チェック・アウト後にハーバード・スクェアーに向かった。ハーバード大学の生協があるのだ。生協には、そこでしか売っていないモノがたくさんあり、学生

ハーバード大学の生協

だけではなく一般にも開放され、半ば観光化している。

業務応援で長期出張した時にも一度、同僚と訪れたことがあった。

その時は、ハーバード・スクェアー近くのホテルに飛び込みで投宿し、一泊$70.00のツイン・ルームに三人で泊まったことを思い出す。出張中の身に金はなく、誰が床に寝るかをじゃんけんで決めることにした。ベッドに寝る者は$25.00、床に寝る者は$20.00と決める。モーテルに毛が生えたようなホテルだったが、当時では珍しいB&B（ベッド&ブレックファースト）であった。朝は、フロント前のロビーでコーヒーにドーナッツが用意されていて、セルフサービスとはいえ朝食が付いているのに感激したことを思い出す。

その頃よりも、ショッピング・モールなどがこのハーバード・スクェアには増えていた。今回は、そのモールのカフェテリアでモーニングを摂ることにした。朝の九時半過ぎだが木立の陰にデッキ・チェアーが点在し、オープン・エアーでモーニングしている人たちは多い。朝の空気は気持ちが好い。短パンにランニング・シャツ姿の若者。小さい女の子を連れたファミリーなど、多分ハーバード大学の学生だろう。年齢も格好も様々だが皆それぞれリラックスしている。少し外れた所では、朝にも拘わらずストリート・ミュージシャンが演奏していた。こんなシチュエーションは、まず日本では見かけることはない。

「ネ、いいね」

妻が久し振りにリラックスして言う。生協が開く十時を待って買物をし、最後に地ビールを買うために酒屋に入った。ＮＹでは見たこともない地ビールがある。私は全種類を一本ずつ買って帰りたい衝動にかられたが、そこまでの金もない。二十分ぐらい迷いに迷って品定めをしていたが、その間にも学生たちが男女を問わず、入れ替わり立ち替わり買っていく。私は思い切って学生に尋ねることにした。

「ビールはどれが美味しい？」

「私はこれが好きだけど、何処から来たの？」

「ＮＹ。土産に買っていきたいんだ」

女子学生が快くアドバイスをくれた三種類のビールに絞り込み、カートに二本ずつ入れてレジの順番を待つことにした。前に並んでいる学生たちはやけにテンションが高い。

「アメリカンしているなァ」

やっと私の番になった。レジ係の女の子は、バイトのようだ。ブロンドの髪をＴシャツの肩まで伸ばしている。顔は比較的小さいのにやたら胸が大きく、視線がどうしてもそっちにいってしまう。

「うーん、中年している」

と、自嘲しながらカートからビールをカウンターに移す。すると彼女が何かを言った。突然のことによく聞き取れなかった。

「Excuse Me?」

反射的に聞き返す。

「身分証明書を見せて。運転免許証でもいいわ」

「はァ?」

私は、想像もしていなかった場面に出くわし、慌てることもないのにドギマギしてしまった。免許証を見せると彼女は安心したように笑顔で計算をはじめた。いくら何でも私のような中年……。日本ではどんなに逆立ちしたって二一歳以下に見られることは一〇〇%あり得ない。

「こいつ、可愛い顔して一体何考えてんだ」

でも、この子にしてみれば東洋人など皆同じで、年齢不肖に見えてしまうのだろう。

「From New York?」

「Yeah」

「Thank you. Have a good day」

「Thanks」

無造作に袋に入れられたビールを持って店を出た。

アメリカでは、未成年者（二一歳以下）の飲酒や喫煙に対して、日本以上に本質の部分で厳しいものがある。

例えば、テレビＣＦでは煙草を吸っている場面を取り入れてはいけないし、酒を飲んでいる場面もご法度である。あくまでもイメージだけで作らなければならない。日本で放映されたバド・ワイザーのＣＦなどを思い出してほしい。

ついでに言うと、映画やテレビドラマなどでも厳しい規制が行われている。最近、日本の国会でも問題視され、マスコミでも話題になった映画があったが、アメリカでは『Ｒ規制』が細かく分けられている。テレビのニュースなどで、殺人事件の現場映像でも血などを映し出すことはない。逆に日本では、交通事故の現場を片付いた後に取材した場合、現場で残ったわずかな血液痕だけでもアップで放映するテレビ局があるのが現状だ。こんなことだけでも日本では、建前だけのように見えてしまう。

アメリカという国は、治安が悪いだけに未成年者への影響に本気で取り組んでいる気がする。特に私が赴任していた九〇年代前半は、最悪の時だった。

……そうそう、このエピソードは『地ビール』であった。すっかりそれてしまったが、アメリカでアルコールを買うときは、必ず身分証明証を携帯しておくことをお薦めしておきたい。特に年齢より若作り（?）している方々は。……それにしても地ビールは美味しいものである。

Episode28　アーミッシュ

帰国も間近に迫ってくると、準備も佳境となり、奔走させられる毎日が続いた。一方でいつかは行ってみたいと思っていた所にこの際行ってしまおうと、忙しい中にも考えてしまうのが人の常と言うものである。

だが予算と時間には限界があった。そこで妻と相談した結果、ペンシルベニア州のOhiopyle州立公園内にある『Falling Water』（落水荘）を見に行くことにした。

これは、デザインを志すものなら誰もが知っている建造物である。建築家に多大な影響を与えた、『フランク・ロイド・ライト』（Frank Lloyd Wright）が一九三六年に、ピッツバーグの銀行家の別荘として設計したものである。現在は、ミュージアムとして開放されている。

パース（透視図）の教材に必ずと言っていいほど出てくる建物でもある。デザインに興味がない方もいるだろうが、ライトは日本でも馴染みが深く、初代の帝国ホテルの設計者としても知られている。その建物は現在、岐阜県犬山市の『明治村』に移築保管されていることを付け加えておこう。

さて、デザイナーの端くれとしてアメリカに行き、その『落水荘』が手の届くところにいながら、これを見ずして帰国をするなど考えられるものかと、さっそくスケジュールを組むべく五番街のＪＴＢへ出向くことにした。最後の最後まで日本人を通す私だった。

ＮＹから車を飛ばしても十時間前後はゆうに掛かる場所にある。乳飲み子を伴にしてでは、無理はできないと、途中色々と立ち寄って時間をかけて行くことにする。

毎日通勤に使うグラセン駅に、ピザ屋をはじめコーヒーショップなど色々な小店が出ている場所がある。そのひとつに、『アーミッシュ』が展開する店があった。ある日、列車を待つ間に本屋を覗いたついでに立ち寄ってみたことがある。有機肥料で育てた野菜や果物の中に自家製のアップル・パイが目についた。小さい方で$4.50。給料日に妻へ買って帰ったことがあった。妻と二人で食後のデザートにする。これが実に美味い。素朴な味に温かみを感じ、以来、時々買って帰ることにした。毎日、ランカスターから運んでいる、ということだった。私がアーミッシュと接し、興味を覚える切っ掛けでもあった。

『アーミッシュ』とは、十六世紀頃のヨーロッパの、アナバプチスト派というキリスト教の一派にあたり、ドイツ系スイス人のことをいう。一八世紀初頭にフランスのルイ十四世の弾圧によってアメリカへ移民してきた一族で、現在ではペンシルベニア州をはじめ、オハイオ州、インディアナ州を中心に約九万人いると言われている。彼らは『外界との不必要なつながりを断つ』ことを信条として生活し、ロウソクを照明に、薪をガス代わりに、井戸で水をくむといった具合。それに電話や自動車などを使わない生活者なのだ。近代教育をも信じることなく、男は『良き農夫』、女は『良き母』になるために必要な教育だけしか受けないため、教育レベルは中学卒業程度とも聞く。

だが、こういった生活をおくっているのは、戒律が一番厳しい『オールド・オーダー派』と言われるアーミッシュであった。

興味があったので、アーミッシュが住む、ペンシルベニア州ランカスターを旅行に加えることにした。

車で旅行する場合、『トリプル・エー』（American Automobile Association　日本のJAF的存在）のオートモービル・クラブ・オブ・NYに出かけてみるとよい。目的地を告げると色々親切に相談にのってくれる。行って帰ってくるまでに必要になる詳細な地図をピック・アップし、距離までだして『Triptik』という小冊子風にまとめてくれる。希望する地図や各地のパンフレットなども手に入るので、ぜひ利用をお薦めしたい。

車でNYを出て一路ランカスターを目指し、国道七八号線を西へ。州境を越えるとすぐに『アレンタウン』（Allentown）という街に入る。ペンシルベニア州第三の工業都市として、リーハイ川（Lehigh R.）沿岸に位置する街である。この川の名前『リーハイ』とは、アルゴンクィン・インディアン語で『分岐点』を意味する。そこからルート二二二号線でReadingを通って、ランカスターへ向かうコースを取る。

途中、地図を頼りに田舎道を走る。見渡す限りのコーン畑は、アメリカを象徴する穀物だ。『Corn』とは、元々穀物全般を意味する英語だったが今ではトウモロコシのみを意味する。十七世紀の植民地時代に、インディアンに栽培を学び食糧としたもので、今日では北米大陸の中西部に広がるコーンベルトと呼ばれる一大穀倉地帯が、世界の市場価格を左右しているものである。

通り道のダイナーで休憩をして、コーヒーとドーナッツをのんびり楽しむことにした。『ダイナー』（Dinner）とは、いわゆるコーヒーショップで軽食堂のことだが、日本の喫茶店とは少し違う。一八三〇年頃から発達したと言われているが、今では至る所で見かけることができる。

のどかな空気を満喫すべくオープン・エアーのテーブルで食べることにした。抜けるような青空と緑のコーン畑のコントラストに、大地の鼓動を感じる。

この旅行には、産まれてまだ二ヶ月の子供を連れてきている。そのため何処へ行ってもこちらの人は顔をほころばせて気軽に声を掛けてくれる。こんな田舎でのんびりと一日を過ごしていたい衝動に駆られるが、目的地は別にある。後ろ髪を引かれる思いで再び車を走らせることにした。

最近のように自動車ナビがあるわけでもなく、もっぱら地図を見ながらあっちでもない、こっちでもないと助手席の妻がナビをとる。これもまた好い思い出になるものだった。

再び高速道路に乗り、ランカスターへ向かう。だが間違えて出口を通り過ぎてしまった。こんな時、日本では何度も料金所を通らなければならないが、こちらでは次のインターチェンジを使って簡単に戻ることができる。もちろんタダ。

やっとランカスターの町に入ると、少しイメージが違ってかなり観光地化していた。すでにサマー・バケーション・シーズンに入っているせいか、かなりの観光客が押しかけていた。『ランカスター』（Lancaster）は、その昔『ヒッコリー・タウン』と呼ばれていたことがある。アーミッシュの代表的居住地区として、ペンシルベニア・ダッチの中心地となっている。ここで言う、ダッチ（Dutch）は、オランダ人のことではなくドイッチ（Deutsch）という、ドイツ語が訛ったものらしい。

ランカスターは、今でこそアーミッシュでしか知られていないが、実は一七七七年に一時アメリカの首都となり、一八一二年以前には、十三年間も州都だった。

ランカスターに着いたものの、昼食を摂らずに走って来たため、まずレストランを探すことにした。しかし何処もいっぱいである。地理が分らないこともあり、グリーン・フィールド・ロード沿いにあった、『アーミッシュ・ツアーズ』まで戻ることにした。ここはアーミッシュの観光ツアーを行っているところで、いわば『はとバス』である。聞いてみると最終のバスが二時に出るとのこと。出発まで二十分、とりあえず昼食を後回しにして申し込むことにした。

小さな町である、観光が終わってからでも遅い昼食をとればいい。そう思ってチケットを買い、バスが出るビジターセンター内の土産物屋などを覗くことにした。外は、サングラスが外せないほど強い日差しだった。やがて大型の観光バスが入ってくる。定刻に出発するかと思っていたが、一五分遅れでビジターセンターを出発した。予約している人が遅れたからだった。

「これなら先に昼食を済ませられたね」

「ま、仕方ない。少し遅くなるけど、どうせそんなに長い観光じゃないだろうからツアーが終わってからにしよう」

バスは、メイン・ストリートのルート三四〇号線を東へ走り出した。しばらくして脇道に入ると広大なコーン畑の中を進んで行く。風車やサイロが点在する。見渡すばかりの畑の合間に、数台の観光バスが見える。ガイドから、アーミッシュの人の写真は撮らないよう注意があった。彼らは、自分の姿が動かない画像の中に取り込まれるのをタブーとしているらしい。

途中、何度も馬車で行き交うアーミッシュを見る。彼らは本当に信条通りに生きているのだろうか。昔、ハリソン・フォード主演の映画『Witness』（邦題『刑事ジョン・ブック目撃者』）を観たことを思い出す。忠実にアーミッシュを描き出した作品だった。その映画の通りに窓の様子は展開する。

突然、畑の真中でバスが停まった。何がはじまるのかと見ていたら、側の農家から一人の少女が裸足で乗り込んで来た。黒とラベンダー色を組み合わせた無地の服を着ている。ひと目でアーミッシュの子供だと判る。彼らは、洋服でもボタンを使用しない。ボタンですら贅沢品だと思っている。すべて、ホックを使った洋服である。乗り込んだ少女は、手にしたカゴを見せて何かを説明し、それを売りながら座席の間を進んでくる。蹄鉄に造花をあしらった壁飾りのようだ。ひとつ$5.00だったが何となく同情心が沸き、買うことにした。決して愛想はよくないが完売すると、クルッと振り返り、礼を言って降りて行った。

バスは再び走り出し、ガイドの説明も再開した。アーミッシュも時代の流れには逆らえず、今の少女のようにここへ来る観光客を相手に収入を得ているようだ。今では、自動車や電気を使う者までいると言うのだ。ただし、『メノナイト』というアーミッシュで戒律も緩やかな宗派の人たちらしい。

ツアー・ガイド・ブックには、大まかな地図しかないため、今何処を走っているのかビジター・センターがどっちの方角だったかさっぱり判らなくなってしまった。バスにまかせるしかないようだったが、実は、お腹が空き過ぎて少し気持ち悪くなってきていた。

アーミッシュの子供

やっとバスを降りることになった。ワイナリーらしい。皆、ガイドにゾロゾロとついていく。一通りの説明と見学が終わり、出口近くまで進むと少し待たされた。前のツアーがいるためなのだが、どうもワインのテイスティング（試飲）のようだった。子供は、バスケットの中でほとんど眠っている。パイン材でできたL字型のカウンターに新しいグラスが用意されて、私たちのツアーが入る。妻は一種類のワインで止めたが、私はせっかくだからと勧められるままに三種類も試飲してしまった。空き腹に一杯目が美味かったのだ。だが、バスに戻ると酔いがまわり、次の場所へ着くまでどこをどう通ったか覚えていないほどで、すっかりイイ気持ちになって寝てしまった。

次の見学場所では、

「私、疲れたからバスにいる」

と、妻は動こうとしない。結局は、土産物屋を併設したパッチワーク・ミュージアムなどを回って、何だかんだとビジターセンターに戻ってきたのが六時過ぎだった。四時間もバスに揺られて、お腹は空腹を過ぎて二人とも機嫌が悪い。こんなに長いツアーなら無理してでも、ハンバーガーぐらい食べておけば良かった。と、思ったところであとの祭。

「疲れたよー」

妻は泣き声で言う。子供はツアー中にミルクを与えているからいたって大人しく寝ている。今日の泊りは、ここから四十分ぐらい先のハリスバーグに予約していた。

『ハリスバーグ』（Harrisburg）は、一八一二年にペンシルベニア州の州都となった街である。一九五七年にペンシルベニア・ターン・パイク（高速道路八一号線）が通ったことをきっかけに州道がここを中心に張り巡らされたことから、『The Hub of the Interstate and U.S.Highways』（アメリカ公道の中心地）とも呼ばれている街である。近くには、日本でも馴染みの深いチョコレートで有名な、『ハーシー』（Hershey)がある。時間があればぜひ寄ってみたいと考えていたがとても無理のようである。

メイン・ストリートにたくさんのレストランはあるが、ハイ・シーズンだけに何処も満席状態。予約がないとだめだと断わられた。マクドナルドでさえテーブルにつくことは不可能に近かった。せっかく来たのだからせめて名物のシューフレー・パイか、あのアップル・パイだけでも食べたかったのだが、どうもこれ以上頑張ってもダメなようである。ドライブ・スルーに並ぶにしても列の最後が判らないほどであった。仕方なしにカウンターに並ぼうと店内に入ったが、尋常でない混雑だ。我慢して待つしかない、店内を見回すとあの俗世界と一線を画して生活をしているアーミッシュが、なんとハンバーガーを頬張っているのを見てしまった。なんだか夢が半分消えてしまったようである。

ようやく買って車に戻り、食べながらハリスバーグに向かうことにした。

「食事にあり付けただけでもまだましか」

と、妻と励まし合いながらの最終旅行第一日目だった。

ハリスバーグに向かう道中、のどかな空気が夕焼けに染まっていく田舎の風景は、疲れを和らげてくれるものだった。

Episode29　The House on The Waterfall

ハリスバーグで泊まったシェラトン・インは、モーテルに毛が生えたようなものだが、一応コンベンション・ホールもあり、地元の婦人会などで利用されているようだった。少し町外れに位置するためか周りにはレストランなど何もない。一階のコーヒーショップでブレックファーストを摂ることにした。卵料理をチョイスし、パンにバターとジャムを塗ってコーヒーとオレンジジュースを口にする。子供は、テーブルの横に置いたストローラーの中で笑っている。隣のテーブルでは、典型的アメリカ人の老夫婦が食事を摂っていたが、子供に気づいて気軽に話しかけてくれる。

「可愛いベビーね。何処から来たの」

「NYですよ。これからフォーリングウォーターに行くんです」

妻が答える。

「あれはいいところよ。気をつけてね」

老夫婦は食事を終え、先に出ていった。子供を連れているとこちらの人はほんとうに気軽に人なつっこく話しかけてきてくれる。コミュニケーションをとるのが根っから好きな人種である。

さて、私たちも出かけることにしよう。見学の予約時間は一時一五分である。ここから四時間は掛かるはずなので、そうのんびりもできない。それに連日で昼食を摂り損なっては、離婚されるかもしれない。そう思うと、三十分ほど東に戻った所にあるチョコレートで有名な『ハーシー』は方角も反対なので諦めることにした。ハーシーには『Hershey's Chocolate』の創始者である『ミルトン・ハーシー』が子供たちの幸福を願って作った『Hershey Town』があり、言わばテーマ・パーク・タウンみたいなものらしい。それにプロゴルファーの岡本綾子がアメリカ・ツアーで初めて優勝した『ハーシー・カントリー・クラブ』もある綺麗な町でもある。

アメックスのゴールド・カードでチェックアウトをし、ホテルを後にする。フィラデル・フィア・ターン・パイク（国道76号線）を西に向かう。山間部を通る道に樹々の緑が爽やかである。はじめて通る道の風景は珍しく、最初の内は快適に飛ばしていたが、どこまで走っても同じ風景では次第に飽きてしまい、眠気も襲ってくる。

『Fallingwater』（落水荘）は、ピッツバーグから一時間半ほどの『Ohiopyle州立公園』の中にある。ターン・パイクのExit10で一般道に降り、そこから更に山奥を目指す。途中から案内板で判りやすく表示されているので比較的迷わずに目的地へ着くことができた。州立公園の中にはキャンプ場もあり、大型のキャンピング・カーなどでキャンプを楽しんでいるのが見える。

この『Fallingwater』は、ミュージアムとして一般に公開しているものだが、十歳以下は入場できない。それだけに有料の託児所（Child Care）が用意してあった。予約の確認をした後、子供を預けることにした。少し不安ではあったがおもちゃなどもあり、子供たちが夢中で遊んでいる。係員もたくさんいて、ミルクを飲ませるための道具が一式入ったベビーバッグも預かってくれる。親は見学に集中できるわけである。有料ではあるが日本のように高額でないところがアメリカの良さである。

手続きをしている内に、予約の時間が近づいてきた。見学ツアーは、一五分毎に三十名でスタートしていく。ガイドの詳細な説明を聞いていると二時間はかかるらしい。

この『Fallingwater』（The House on The Waterfall　落水荘）は、世界中の建築家やインテリア・デザイナーに多大な影響を与えた。ライトがデザインした家具は、NYの近代美術館の常設展示場にも永久保存されているものがある。

ハイ・シーズンということもあってか一五分おきにスタートしているツアーはどれも三十名と満杯である。この建物は、一九三六年にピッツバーグの銀行家の別荘と

FALLINGWATER　FRANK LLOYD WRIGHT'S　落水荘

して建てられたものだが後にペンシルベニア州に寄贈され、現在はこのようにミュージアムとして公開されている。私にとっては、大学時代に教科書でしか見たことがなく、また外観はパース（透視図）の実習で必ず描かせられるものであった。その建物を目の前にして身震いする思いで足を踏み入れる。

森の中に流れる川を巧みに取り入れた建造物で、中にいて聞く川の音は心地よいものであった。こういったことは教科書からでは味わうことができず、本物ならではの実感である。建物は自然の傾斜に添って建てられており、教科書で見ていた場所はプライベート部分だったことが解った。ゲストスペースは川からいちばん高い所に、メイン・エントランスと共に離れのような形で存在していた。居間は、直線を生かした棚などどこか和風な面持ちと、自然石を取り入れた構成でクライアントの趣味が現われているように思える。また、開口部の高さなどが和室と同じように低いのが特徴的である。

見学ツアーは、やはり二時間にも及んだ。子供を迎えに行くと、ミルクを飲んで大人しく、手が掛からなかったとのことだった。プロ・ショップで日本で手に入らない本やビデオテープを買い求た後、泊まる予定のメリーランド州ハーガスタウン（Hagerstown）に向かってミュージアムを後にした。

Episode30　不幸中の幸い

ボルチモアは、ワシントンDCから北へ車で四十分ぐらいのところにある、メリーランド州最大の都市でもある。一七二九年、南部産のタバコを輸出するために建設された港で、現在は商工業や文化、教育の中心地となっている。『Baltimore』とは、大邸宅といった意味があるらしい。

初期のウォーター・フロント再開発が成功した街でもあり、デザイナーの私としてはぜひ見たいところでもあった。チェサピーク湾と一体化した観光地としても有名な場所でもある。

予約していた『Stouffer Harborplace Hotel』からプラット・ストリートを隔てたところに目的のウォーター・フロント・モール『ハーバープレイス』（Harbor Place）がある。港を囲むように施されたボードウォークが雰囲気を出していた。モールには、水上バス乗り場があり、ナショナル水族館へ行くこともできる。この水族館は、全米でも屈指の規模を持ち、スパイラル・スロープを降りながら海上の表層から深層へと自然に魚を観ていくことができるようになっている。この水槽方式を採用した水族館に、東京の葛西臨海公園の水族館などがある。

夏の夕景に潮風をうけながらの乗船は、生活の雑事をしばし忘れさせてくれるものがあった。

モールは、ライト・ストリート・パビリオン、プラット・ストリート・パビリオンそしてザ・ギャラリーの三つの建物で構成されている。ほとんどが観光客相手の土産物屋やレストランに交じってスーパーもあり、生鮮食品も扱っている。レストランの中には、さすがにウォーター・フロントだけあって、魚屋を併設したものがあり、いわゆる活魚を食べさせるユニークなものもある。どれも個性的な店が多い中、フード・コートの隅に屋台のような店が目についた。たらば蟹の脚をスチームでボイルしただけのものが五、六本、紙製のカップに入って$4.90で売っていた。日本では高級な蟹だが、まるでファースト・フード感覚だ。ちょうど小腹が空いていたので買ってみることにした。

「どうせ冷凍でしょ」

期待もせず珍しさだけで注文する。店員は帽子を被ったユニフォーム姿で、どこかの宅配ピザにそっくりではないか。注文を受けてからスチームにかけるので少し待つことになる。ファースト・フードしているのでチップなどはいらない。税金を入れても$5.00ちょっとである。圧力式スチームなのでさほど待つこともなくアツアツの蟹と溶かしバターを受け取った。蟹は持ち易いように半分は殻がついたままで、フーフーしながらバターをつけて食べる。肉厚があり、冷凍でない身はプリンプリンしていた。

「うまいね」

「これ、おいしいね」

妻も自然と顔がほころぶ。非常にシンプルだが蟹の塩味とバターが絶妙なマッチングでなんとも言えず美味である。日本では、このような食べ方をさせるところは何処にもない。

そう言えば、こちらでは蟹というものを比較的安価で食べさせるところが多い。西海岸では、有名なところでサンフランシスコのフィッシャーマンズワーフなどがあるが、あそこだけはいかん。観光地としてメジャーになり過ぎ、とにかく高い。東海岸でも港を抱える都市には蟹の店をよく見かけるが、ワシントンDCにもボストンにもそしてNYにもある。

NYでは、アッパーウエストサイドの七二丁目角にある『ダコタハウス』、そう、亡きジョン・レノンの家として有名なもので一八八一年当時の様式を多用した建築物としての文化遺産でもある。その斜め向かいにあるのが『サイド・ウォーカーズ』。テーブルに紙マットを敷き、その上にボイルした蟹を直接乗せ、手当たり次第に木槌で叩いて食べていく。殻は横に置かれたバケツに捨てるといった豪快さだ。アメリカでも蟹を食べ始めるとやはり静かになってしまうらしいが、この食べ方だと結構話も弾んでしまう。食べ終わると紙マットごと一気に片付けてしまうのも合理的。これぞアメリカン！　ワシントンDCにも同じような店はあるので一度ご賞味を……。

ところでその夜のこと、

「夕食を何処にしようかぁ」

「疲れちゃった」

と言いながらホテルへ戻ってきた。改めて部屋を出るのも面倒くさいし、腹は空いたような、空かないような、と二人でブツブツ……。そこで昼間食べた蟹を思い出した。

「まだ開いているかな?」

私は急いで部屋を出て行った。蟹を二カップにビールを買って、部屋に戻って食べることにした。妻と二人で笑顔になる、充分な夕食である。

翌日、観光も兼ねて得意の地ビールを探しに入った店で、おもしろいものを見つけてしまった。観光客用の土産物として、麻袋に入った手作りビールセットである。いわゆるレトルトビールなるものであった。これも規制が異なるアメリカならではか。説明書を読むと、ビールを作るための材料は全て袋の中に仕込まれており、後は三リットルのお湯と水を加えて二週間ででき上がるとある。価格は、$39.00。

「ほんとかな」

半信半疑だが、ビールコレクター（？）の私としては興味をそそられてしまった。

ボルチモアからは、三時間半ほどでNYまで帰れるが、昼食を済ませて早めに九五号線を北へ向かうことにした。しかし、途中で妻が疲れから気分を悪くしたため、予定にはなかったフィラデルフィアで一泊していくことにした。

デラウェア川が見え始めた頃から、周りの状況が少しずつ変わり始めた。建物が多くなりダウンタウンが姿を現してくる。何となく北九州市の工業地帯のような感じがする。やがて巨大な街が目に入ってくる。予定にもなく下調べなどしていなかったため、全国地図だけを頼りにとりあえずダウンタウンに向かってみた。

シティー・ホールの手前に『フィラデルフィア・マリオット』が地図に載っていた。とにかくそこを訪ねてみることにする。

アプローチに車を停め、私だけがレセプションに行く。

「予約はしてないけど、部屋はあるかな？」

ジーパンとスニーカー姿にも快く応対してくれる。

「生憎だけど、今日は満室です」

「そこを何とかならないかなあ。妻も疲れているものだから」

私は食い下がってみた。

「たいへん申し訳ありません。何しろハイ・シーズンですからリーズナブルなホテルはどこも満室でしょう。……でも、ひょっとしたら『フォーシーズン』だったら空いているかもしれませんね。でも高いですよ」

私は、マリオットを諦め、フォーシーズン・ホテルの場所を聞いて行ってみることにした。

「ハイ・シーズンだから満室でダメだって」

車に戻って疲れた顔の妻に言う。

「でも、フォーシーズンだったら空いているかもしれないって教えてくれたよ。高いらしいけど、そっちへ行ってみるか」

「少々高くってもいいじゃない。行ってみようよ」

教えられた通りに、フェアマウント公園の入口になる、ローガンサークルを目指して車を走らせた。マリオットからは五〇〇mほどの距離である。フォーシーズンはすぐに見つかったが、マリオットよりいかにも高級な構えである。やはり、車をアプローチに停めて再び私だけが降りて行く。

「May I Help You」

さほど大きくもないレセプションカウンターの女性が、笑みを浮かべて優しく声を掛けてくる。だが、目は私の服装に注がれ、品定めをしているようだ。

「予約はしてないけど部屋はないかなぁ」

「有りますけど、少し高いですよ」

まだ品定めをしているような応え方だった。

「そう、よかった。で、いくら?」

「$278.00です」

「それでいいよ、お願いします」

妻の疲れを考えるとわらをもつかむ思いだったので、助かった。

「ところで支払いは、クレジットカードでいいですか。先にインプリントします」

まだ、何となく信用していないような聞き方である。

「アメックスは使える?」

そういって私は、ゴールド・カードを提示した。すると一瞬、彼女の顔が変化したように見えたのは私の錯覚だっただろうか。

日本では、ＪＣＢカードが世界中どこでも使えるとよく聞くが、外国に出てみるとあまり使えないことがよく判る。日本以外では、アメックスかビザ、またはマスターカードの方が無条件に信用されるようである。特にそれらのゴールド・カードは信用度が高い。

彼女の愛想は大変自然なものとなったので、私は尋ねてみた。

「ところで、クリブ（ベビー・ベッド）はあるかな」

「もちろん、無料でご利用いただけます。後ほどご用意させていただきます」

私は、宿泊名簿を書いた後、妻を呼びに車へ戻った。妻は安堵の顔で子供を車から降ろす。荷物はベルボーイが運んでくれ、車はそのまま玄関に置いていけばよい。配車係にキィーと一緒にチップを渡す。

部屋に入り、暫く待つと荷物が届く。ベルボーイに1個の荷物につき$1.00計$3.00を渡す。入れ替わりにクリブが持ちこまれセットされる。こちらにも、$2.00を渡す。皆、愛想がよく親切である。やっと落ち着くことができた。一時はどうなるかと思っていたがこの時ほど年会費が$75.00もするゴールド・カードの恩恵を感じたことはなかった。

『フィラデルフィア』（Philadelphia）とは、ギリシャ語で『兄弟愛』を意味する。一七九〇年から一八〇〇年までの十年間合衆国の首都が置かれ、独立宣言が採択され、更に星条旗が最初に掲げられた場所でもある。また、一八七六年にはアメリカ建国百年を記念して、万国博覧会が開催された土地でもあった。

予定外の宿泊だったが翌日には妻も元気になり、せっかくだからと観光をしていくことにした。一七七四年、独立を賭けた第一回大陸会議が開かれた『カーペンターズ・ホール』、その二年後に独立宣言書に署名がなされた『インディペンデンス・ホール』。その七月四日に鳴り響いたと言われる、自由の鐘が『リバティベル・パビリオン』、などなど独立にまつわるものが多い。

バケーション・シーズンと言うこともあってかリバティベル・パビリオンには、物凄い数の観光客が訪れていた。アメリカ人にとっては感慨深いものがあるのだろうが、日本人である私たちには唯の吊り鐘としか映らない。何時間も並んで目の前で見ることもない、そう思い、ガラス張りになった建物を公園側から拝むことにした。

車を一旦駐車場に停めて、ストローラー（ベビー・カー）に子供を乗せて歩いてみる。澄みきった空に眩しそうにする子供。だが、ほとんどは寝ている方が多い。

避雷針を発明した、ベンジャミン・フランクリンの生家跡である『フランクリン・コート』の中庭に足を踏み込むと、とても街の中心にいるとは思えないほどの静けさである。アメリカ星条旗の最初のデザインをした『ベッツィ・ロス』の家もミュージアムになっている。ちっぽけな家である。そして、独立宣言の百年以上も前から建っていると言われる、この街で最も古い場所が通りごと保存されている『エルフレス・アレー』は、私にとっては大変見る価値があった。一軒一軒、色の使い方などそれぞれに個性を持ちながらも、通り全体としては絶妙なバランスが取れた文化を築き上げている。

この場所にいる間、子供も目を覚ましていた。石畳の道に寝ていることもできないようだった。

昼食には、名物と言われるサンドイッチ、『ホギー』を味わうことにした。ロールパンに二種類のハムとサラミにプロボロン・チーズとスィートペッパーを詰め込んだ物だが、空き腹には美味いものである。

フィラデルフィアは、ニューヨークとワ

フィラデルフィア最古の町並み『エルフレス・アレー』

シントンＤＣのちょうど中間地点に位置するためか、意外に馴染みのない都市でもある。しかし、アメリカを語る時、絶対に外せない街でもある。アメリカの独立に際し、戦争のきっかけとなったボストンを第一幕とするならばこのフィラデルフィアは、言わば第二幕。そして、近代国家の礎となるワシントンＤＣが第三幕の舞台のように見えてくる。

今回、妻の具合は悪くなったが、おかげでアメリカ独立の歴史に触れることができた。不幸中の幸いだったのかもしれない。

昼を済ませると、以前のＮＹ長期出張の時に遊びに行って、持ち金をスロット・マシンで擦った、アトランティック・シティを妻に見せたく、九五号線に戻らず、アトランティック・シティ高速道路で大西洋に面した海岸を目指すことにした。

『アトランティック・シティ』（Atlantic City）は、アメリカ三大カジノ（ラスベガス、リノ）のひとつとして、一九七六年にできた東海岸屈指の高級リゾート地である。カジノタウンとして再生するまでは、治安の悪さと水質汚染で存亡の危機さえ迎えたこともあったが、現在では年間三二〇〇万人もの観光客を集めるまでになった『東のラスベガス』である。八㎞にもおよぶ海岸線にボードウォークを作り、否がおうでもリゾート気分を醸し出している。

前回は負けたスロット・マシンに、リベンジとばかりに今回も挑戦してみようと思った。

子供をストローラーに乗せて入場しようとしたら、ガードマンに呼び止められてしまった。なんと、子供は入場できないと言うのだ。確かに二一歳以下の子供ではあるが産まれて二ヶ月の乳飲み子である。

「おい、見りゃわかるだろ。この子がギャンブルをやるかァ?」

と言ってはみたものの、絶対にダメとのこと。ま、雰囲気だけでもと仕方なく妻と交代で入場するしかなかった。

そんなことでリベンジにもならなかったが、ギャンブルだけの町といったイメージを払拭するかのようにできていた、ショッピング・モールなどを観光して、帰路につくことにした。

Episode31　自ビール

さて、ボルチモアで見つけたビール袋。NYに戻ってさっそく、仕込みに取りかかってみる。袋の下には、できあがったビールの注ぎ口があり、上についた大きな口のスクリュー・キャップから一リットルのお湯を慎重に入れる。次に水を二リットル入れる。まるで密造酒を造っているようにドキドキな感じ。

「さあ、これから二週間。じっとガマンの子」

である。

「三リットルもの生ビールどうやって飲もうか。アパートの友達を呼んでのビア・パーティー。それとも同僚たちを呼んで自ビール・パーティーで自慢するのも良し」

などなど、楽しみは後に取っておくものである。

麻袋と言っても麻袋風であるから防水加工で漏れないようにはなっているが、ぶら下げる場所もうまく見つからない。そこでバス・ルームのシャワーフックに吊るすことにした。人目につかないバス・ルームだと、それこそ密造酒な感じがしてくる。

仕込んだ翌日から麻袋はパンパンに膨れはじめ、中で酵母が息づいているのがわかる。……いよいよ二週目に入ると、今にも弾けんばかりに膨張しきっていた。まるで風船のようだ。仕込みからちょうど二週間目の朝、いよいよである。今日は英会話もない日なので、私は会社が終わると同時に飛び出して帰るつもりで、朝、アパートを後にした。

帰りは、いつものようにグラセン駅のトラックで、電車に乗る前にワゴン販売のビールを買ってから乗りこむ。バド・ワイザーの缶ビールで$2.00だが、日本のキオスクなどと違って紙コップを付けてくれる。水割りだと$3.00だがこちらはプラスティックのカップに氷まで付けてくれるのだ。これに$1.00のナッツでも買えば、帰りの電車は楽しい（？）ものになるのである。電車の中では、通勤時間を有意義に使うアメリカ人が目立つ。ビールやジュースなどを買って、三人がけのシートに座るとさっそく上着を脱ぎ、新聞や雑誌を広げて、まるで家にいるように寛ぎはじめるのである。そんな様子を見て、私も時々酒を飲みながら帰ることを覚えた次第だった。朝などは、電車の中をメイク・アップ・ルームにしている女性も時々見かける。

帰ったら自ビールが待っているのは分っているが、今日はすごく喉が乾いていたので一気に飲み、最初に停まる一二五丁目駅に着く頃には飲み終ってしまった。

「ま、いいか」

そこで、毎日家から持ってくる新聞の読み残しを広げる。

日本の新聞のNY版は、今や衛星を使って同時発行となっているが朝刊のみである。つまり、時差の関係で日本時間の午前三時頃に刷り上ると、NYでは午後の一時頃には配達されるといった具合である。

だが、一向に一二五丁目駅を電車は発車しようとしない。車内放送などないのがこちらの電車だが、五分、一〇分と何のアナウンスもない。一五分経ってやっと車掌が声を張り上げた。

しかし、何を言っているのか私にはよく聞き取れない。すると、周りの乗客が駅のホームへ降りはじめた。どうも、車輛故障のようだ。私も一緒に降りることにした。一二五丁目の駅など二度と降りることもないだろうと思いながら夜の空気を吸う。

こんな時間に一人だったら、大きな恐怖を感じるところだが、他の乗客と一緒であればそう襲われることもないだろう。近くの女性客も初めてなのか、同じようなことをしゃべっているようだ。

駅のホームには、放送設備が付いていた。スピーカーから何やら放送が流れてくると間もなく、乗ってきた電車が空のまま行ってしまった。また、しばらく静かな駅になってしまう。

「〜♪〜♯〜♭」

紙袋で隠した酒瓶を持った、ホームレスのような男がホームの階段を上がってきた。少し酔っ払っているようだが、近くにいた乗客たちが一斉に彼の方へ目をやる。みんな警戒しているのだ。これがヘイスティングスやドブス・フェリーの駅だと雰囲気はもう少し違うのだろうが……。ホームレスは、ホームに上がってくるとたくさんの乗客たちの視線を浴びて一瞬、ドキッとした表情になった。いつもはこんなに人がいることはないのだろう。逆に襲われちゃたまらんとばかりにそそくさと階段を戻って行ってしまった。

駅に降ろされて二〇分ほど経ってからやっとアナウンスがあった。私もよく聞いてみるが今

ひとつ聞き取り難い。だが、その中で『Rescue Train』と聞き取れた瞬間、

「イェーイ！」

乗客から一斉に歓声と拍手が沸いた。まるでお祭り騒ぎだ。緊張が解き放されたのか、隣の人と抱き合う者、握手をする者と静かだったホームが賑やかになった。それから五分ほどで一一〇丁目のトンネルからレスキュー・トレインが現われた。おかげでヘイスティングスの駅に着いたのが十時頃となってしまった。

私は、駅からアパートまでの道を小走りに帰る。待ちに待った地ビールならぬ自ビールが飲めるのである。初めての経験にワクワクしながらアパートの鍵を開けると、上着も脱がずにバス・ルームに行く。妻は、帰国前のお別れで友達のところに泊りがけで出かけていた。

シャワー・カーテンをサッと開く。ところがバス・タブ一面に琥珀色の液体痕が飛散していた。シャワー・フックには、ペシャンコになった麻袋だけが所在なさそうに寂しく引っ掛っている。朝出かける時には、確かにパンパンに膨らんでいたのだが破裂してしまったらしい。大量の糖分を含んでいたせいかバス・タブはベトベトである。あれほど楽しみにしていた自ビールは一滴も口にすることなくシャワーで洗い流すに終った

その後、手作りビールはNYでもブームになり、五番街の三七丁目にも手作りビールキット

を販売するショップがオープンしたが、私はその店に足を運ぶことは一度もなかった。

Episode32　忘れた

帰国も間近に迫ると今度は、義弟が友達を連れて飛んできた。そこで私たちもまだ行っていなかった、ナイアガラの滝を見に行くことにする。

さっそく、格安の日帰りツアーを申込み参加することにしたが、集合時間は朝の八時十分と早い。日帰りツアーなら空港まで車で行ってパーキングに停めておいても大丈夫だろうと、長時間の駐車に少し不安になりながらも結局そうすることにした。

ラ・ガーディア空港（ＬＧＡ）は、クィーンズ区の外れにあるマンハッタンに一番近い空港で、都心からは車で二十分程のところにある。名前の由来は、一九三九年のＮＹ市長の名前をとったものである。

アパートからパーク・ウェイとフリー・ウェイを通って三十分程で着いた。朝早いせいか名物渋滞もなく、余裕で七時半に着くことができた。が、US Air の出発ターミナルに一番近いパーキング・ロットに、どの出口で高速道路を降りて、どう行けばいいかが判らない。もちろん、標識に従って進めばいいのだが高速で走っているため、行き慣れていないと廻りの車に急かされるようにアッという間に出口を通り過ぎてしまう。結局、メイン・ターミナルの前を一周したりして何とかパーキング4に入ることができた。朝早いのにすでに満車状態。外れにやっと停めることができた。ここは、到着ロビーに近いところで出発ロビーまで少し離れている。余裕を持って早めに出てきたにもかかわらずすでに七時五五分になっていた。急いでチャイルド・シートを外す。といっても上部だけを外すと、バスケットのように子供を寝かせたまま連れて行くことができるようになっている。荷物やカメラを持ち、とにかく急ぐ。

US Airのターミナルは、リニューアルしたばかりで白を基調に鉄骨とガラス張りで構成され、明るくて綺麗だ。一航空会社のターミナルと言っても広いこと、広いこと。とにかく何とか集合時間には間に合った。

飛び立つと同時に摩天楼が眼下でグングン小さくなっていく。このツアーには、日本からのパック・ツアーでのオプショナル・ツアーに参加した団体が一緒だった。いや、私たちが便乗していると言ったほうが正確かもしれない。

ま、いずれにしても飛行機は一時間後には、バッファロー空港に着陸した。到着ロビーに入ると添乗員がパスポートを集める。が、すぐに観光バスまで誘導をしない。時間が掛かり過ぎる。何かあったのかなと思っていたら添乗員が説明をはじめた。全員の帰りのフライトチケットを忘れてしまったというのだ。

「ナニィ」

「エーッ」

参加者からは、ざわめきが起こる。添乗員の中年女性は何度か電話を掛けにいき、やっと出発することになった。NYから届けさせる手配をしたので心配ないとのこと。しかし、予定の時間を三十分程押していた。とりあえずバスはナイアガラを目指す。

滝の手前で通関手続きが行われる。カナダへの出国であるが実に簡単である。スタンプが欲しい人は、バスを降りて事務所に行くように言う。私たちは、産まれたばかりの子供のアメリカパスポートを持ってイミグレーションに並ぶことにした。子供は覚えていなくても記念にはなる。そう、大きくなったら連れて行ってやったことを威張るのだ。

カナダナンバーの自家用車が結構多いが検査は厳しい。カナダよりアメリカの方が煙草が安いので買い付けに出かける人が多いとのこと。それらの検査が厳しいらしい。通関すると国境に架かるレインボー・ブリッジはすぐである。道路標識の制限速度表示がマイルからキロメートルに変わる。

左側の窓に滝が見えてきた。すでに行かれた方も多いと思うので、特に滝の説明は必要ないような気もする。

だが、行かれてない方もまた多いはずなので、ナイヤガラ・フォールが訪れる人たちをどれだけ感動させてきたか、少し説明しようかと思うが……。イヤイヤ、やはり一度行って見てください。とにかく『凄い』の一言に尽きます。とてもこの場を借りて説明できる代物ではありませんので……。

さて、橋を渡ってバスから降りるとお決まりのコースとなっている、遊覧フェリー『霧の乙女号』（Maid of the Mist）に乗船す

アメリカで時速30マイルの制限速度は、カナダでは50kmになる。

ナイアガラ滝と霧の乙女号

べく桟橋へ降りて行く。霧の乙女とは、先住民族オンジアラ族の生贄にされた伝説の聖女らしい。途中、分厚い生地の青いポンチョ式の雨ガッパを借りるのだが、体格の小さい日本人なんかに合うものはない。みんなブカブカのものに手を通すことになる。非常に汗臭い物もあったりするがアメリカ人は平気で着ていた。

目の前では、幅三〇〇m、高さ五一mにも及ぶアメリカ滝から轟音と共に毎秒何万トンもの水がエリー湖から落ちてくる。それを見ていると、人間の小ささと自然の大きさを嫌が追うでも比較させられてしまう。霧の乙女号は、その水飛沫を掻き分けながらナイアガラ最大のカナダ滝へと向かう。飛沫と風、それに地響きが物凄い。Mist（霧）などとしゃれた名前をつけているがそんなものではない。ドシャブリの雨なんていう形容詞すら何の役にも立たないものがある。ポンチョのフードは風に煽られて、頭からずぶ濡れになる。ビニール袋から出したビデオカメラのレンズにワイパーをつけたいぐらいだった。話し声など完全に掻き消され皆怒鳴りあっている。桟橋に戻るとアメリカ滝の轟音も静かになる。ほとんどの人が興奮しながらの下船であった。ポンチョを脱ぎパークに上がってくると、カッパがそれほど役に立っていなかったことがよく分かった。

昼食は、アメリカ滝を正面に見下ろす展望レストランでお決まりのバイキング形式。私たちの他にも日本からのツアー団体が数組いる。どうも、日本の旅行代理店と契約しているホテルのようである。つまりは、旅行代理店が違ってもほとんどが同じコースで同じ食事内容ということである。後は、若干の価格差だけか。

食事が終わると今度は、川中島のゴート島で分れたカナダ滝の正面に広がる、ビクトリア・パークでの自由行動となった。観光客も多く、あちこちで「シャッター押してくれますかぁ」と国籍入り乱れての声が飛んでいる。

カナダ滝は、幅九〇〇ｍもあり高さは四八ｍあるが、正式には、このカナダ滝の中央部が国境線になっている。帰りのフライトチケットが忘れられて、最初から遅れの生じたこのツアーは、お陰で二十分程自由行動が短縮させられる羽目になった。その四十分間が過ぎると再びバスは、川に沿って走るリバーロードを、川下になるトロントの方へ向かい出した。発電所のある公園へ行くようである。が、その前に観光客相手の土産物屋に立ち寄った。

皮製品20％OFFなるクーポン付きの入場整理券を渡され、強制的に店内へ案内される。店名に『OK Shop』とある。あの有名な大橋巨泉氏がオーナーの店であった。OK Shopと言えば、私は二二年前のことを思い出す。

生まれてはじめて外国に出ることになった海外研修の最終目的地、バンクーバーへ行った時のことである。

バンクーバー（Vancouver）は、カナダ、ブリティッシュ・コロンビア州最大の商業都市として、現在は多くの日本人観光客も訪れている。一八八六年に一八世紀の探検家の名前をとって『グランビア』という名前から改称され、カナダ大陸横断鉄道と共に発展してきた街である。

その研修当時に聞いた話だが、このバンクーバーに総領事として新しく赴任してきた外務省官僚がいた。着任するにあたって彼は、領事館の日本人スタッフへのお土産として色々と考えたあげく『そば』にした。きっと郷愁をそそり喜ばれるに違いない、と先に送って着任と同時に現地で配った。だが、その総領事は大きな恥を掻き笑われてしまうことになった。

実は、日本のそば粉は、ほとんどがカナダ産でこのバンクーバーから日本へ輸出していたのだった。もし、総領事が農水省の官僚だったらこんな恥を掻くことはなかったのだろうか？日本の官僚の悲しいところである。嘘のような話だがこれは紛れもない事実で、因みに大量に送ったそのお土産はすべて税金で買われたものだ。

私が外国で初めて入った日本の店がOK Shopの本店であった。確か当時は開店して二、三年経った頃ですでにバンクーバー市内に二店を有していた。建物も倉庫を改装（現在は、本店としてビルになっているようである）したようなもので毛皮を中心に大小の土産物が所狭しと陳列（？）され、きちんとディスプレイを施した店舗と言うより雑貨屋的イメージが強く、まだ数少ない日本からの観光客を相手に、現地の日本人をスタッフとして細々とやっていた記憶がある。詳しくは、大橋巨泉著の『人生の選択』などを読んでいただければいいかな。

さて、立ち寄ったナイアガラのOK Shopは、立派な建物にディスプレイやショーケースも含めてコーディネートされた店構えである。だが、こちらに住む私たちにとって改めて手にするような物はなく、「Just Looking」に徹し時間を持て余すことになった。買物だけは慌ててすると せっかくの思い出が台無しになるからと、訳がわかったような、わからないような添乗員の説明に、スケジュールが押しているにも拘わらず、こんなところで一時間も費やされることになった。おっと、これは巨泉さんに失礼！

しかし、どのようなパックツアーでもだいたい、現地の店やDFS（免税店）とつるんで……いや、契約して旅行客を連れてきては、売上の何パーセントかをリベートとしてキック・バックさせるようにしているものだから、スケジュールがどんなに変わっても土産物屋だけは予定を変えることがない。もっとも日本人はこういった形でしか買物をすることができない人がまだまだ多いし、日本語が通じるというだけでそれほど安くはない品物をまたよく買うのである。

大きなお世話かもしれないが、私は国内外を問わず、知らない町に行った時は、できるだけ土産物屋ではなく、地元の人が毎日買物をするスーパーなどを探すことにしている。これだとその土地の物価や生活水準も分るし、安くて意外に良い物を見つけたりすることができるものである。

次は、更に下って花時計がある所まで行くらしい。が、添乗員曰く、

「折角、カナダまで来ましたので本場のメープルシロップを売っている所へご案内します」

と、次なる土産物屋へまたまたバスを乗り入れるのである。

「おいおい、そんなところ寄らないでいいから……」

と、思いながらもひとつのバスで行動を共にしているからほとんど強制的である。買わない人もとりあえず一度店内に入れと言うから一通り見たが、やはり観光客相手に割高なものが多い。店は花時計がある公園の一角にあるので、私たちは早々に店を出て公園の自然に触れてみることにした。ここでもたっぷりの時間を割かれた上に集合時間になっても戻ってこないツアー客が必ず一組や二組はいるものだ。バスの中で待つことしばし、やっと最後の客が乗りこんでくる。こういう人に限って謝ることはない。今、買ってきたものの話ばかりである。

さて、スケジュール最後の場所へ向かうかと思っていたら、今度は国境が渋滞すると飛行機に間に合わなくなるからと、バスの中から観るだけでそのまま帰路につく。

「なんじゃ、それは?」

レインボー・ブリッジを再び渡り通関する。確かに他の観光バスや帰りの自家用車などでじゃっかんの渋滞はしていたがさほど待つこともなくアメリカ側へ戻ってきた。そこで添乗員が、

「予定より早く戻れたので、すぐ近くのアウトレットにご案内します」

と言って、バスのドライバーに指示をしている。国境から五分もしない所にある『Rainbow Center Factory Outlet』に着くと、出発まで五十分ほど時間があるのでゆっくりアウトレットを楽しんで下さい、と言う。私たちには、大して珍しくもないモールを後に滝の方へ戻ってみるこ

とにした。歩いても十分ぐらいなので思い切って行ってみることにする。

川沿いの公園でもたくさんの人たちが観光している。ちょうどアメリカ滝の上になる所は、プロスペクト・ポイントという展望スペースになっている。近づいていくと水の流れ落ちる凄まじい轟音が段々と大きくなってくる。下から見る滝もいいが、上から間近に落ちる水はその水量と共に大迫力に充ちていた。エレベーターで滝底まで降りていける『Prospect Point Observation Tower』なるものがあったが、並んでまで乗る時間の余裕はなく、アウトレットの方へ戻りながらゆっくり河景色を堪能することにした。すでに陽は西に傾きはじめ眩しさと共に滝を赤く染める夕景の準備に取りかかっていた。

集合場所へ戻るとみんなが集まるのを見て、添乗員がバスへと案内する。

「ご安心下さい。帰りのフライトチケットはちゃんと届きましたから」

拍手が起こった。つまりは、買物を楽しませるために立ち寄った予定外のこのアウトレットは客のためではなく、忘れた航空券を受け取るために待ち合わせただけなのだ。実にいい加減な話である。

ま、愚痴はさておき予定通りの飛行機に身を委ねて、オレンジ色の光に輝くマンハッタンの夜景を上空から眺めながら、ラ・ガーディア空港に無事着陸することができた。もう、会うこ

ともないと解りながらも到着ロビーでは、

「機会があったらまた逢いましょう」

と解散をする。忘れ物に始まった大変なツアーも終わり、疲れ気味の足で駐車場へ向かう。無用心な駐車場に一日中停めていた車の元へと急ぐ。長時間停めている車など狙われればたとえ鍵が掛かっていても、映画ではないが六〇秒で盗まれてしまい、誰も気づかないのがこのＮＹの現実である。

「ひょっとして無くなっていたらどうしよう」

そんなことを話しながら車を停めた場所を探す。広い駐車場には、まだたくさんの車が停まっている。オレンジ色の街灯の中から、朝、慌てて停めた場所に辿り付く。

「あった！　無事のようだ」

妻と顔を見合わせ、ホッと安心する。初めてのことだけに旅行中も気にはなっていた。だが、次の瞬間「ハッ！」とした。ドアに鍵が掛かっていない。そうだ朝、慌てていたので鍵を掛け忘れていたのかもしれない。でも車はある。ラッキー、ミラクル、グレートｅｔｃ、なのである。

忘れたのは添乗員ではなく、自分の方だった。このＮＹでは、奇蹟に近いことだったかもしれない。

Episode33　いよいよ帰国

帰国の内示を受けてから私はまず、子供が飛行機に乗れるのかどうかをＪＡＬに問い合わせることから始めた。生まれたばかりの子供は搭乗できないのではないか。もしかするとこれを盾に帰国の延期ができるかもしれない。そう思ってのことである。

だが期待は虚しく外れた。確かに新生児は搭乗できないがそれは生まれてから二週間までだった。八月の帰国となれば、子供は三ヶ月。この線での延期は無理となってしまった。

さて、この日を境に帰国モードにシフトした私がはじめたのは、子供のパスポート申請である。ロックフェラー・プラザの地下にある郵便局で申請に関する書類を手にする。次に子供の写真であるが生まれたばかりの子供がひとりで椅子に座ることなどできないので、妻が抱いて写真を撮ることにした。しかし、これはダメだった。写真の背景は、白か灰色であくまでも一人で、しかも目を開けたものでなければならないとのこと。マンハッタンから戻った妻は、再び写真屋に向かった。事情を話すと快く撮り直しに応じてくれたへイスティングスの写真屋さんだったが、首も据わっていずすぐに眠ってしまう乳児の写真を撮るのに、妻も写真屋さんも汗だくの半日だったらしい。

申請には、写真と共に出生証明書（Birth Certificate）のコピーが必要となる。アメリカでは、住民票がないことは始めに話した通りだが、戸籍謄本も当然なく子供がアメリカ国籍を有している証明としては、アメリカ合衆国発行のパスポートと出生証明書だけなのである。もちろんソーシャル・セキュリティー番号の登録も行った。パスポートは、五年毎に日本にある大使館や領事館で更新することができ、二一歳までは二重国籍を有することができる。

こうして帰国準備に取りかかったが、短いNY生活に行きたい所や、やり残したことは山ほどあった。逆に短かっただけに得たこともあった『海外赴任』。

短い海外生活の中で私が見たアメリカ人は、とにかくよく喋り、相手をヨイショするのが上手い。また、常に物を食べていたという感じがする。我が事務所の女の子は、片手にダンキン・ドーナッツを袋いっぱい持って出勤してくる。自分も食べるが、みんなにもすすめる。朝からそうである。ランチの後でも、三時のおやつではないだろうが物を食べながらタイプを叩いていた。いずれにしても口をいつも動かしている人なつっこい国民である。信号を待っている時にクシャミがでると、廻りから「Bless You」（神のご加護がありますように）と声が掛かる。「Go Ahead」とエレベーターや入口でも子供や女性を先に行かせる。肩が触れれば「Sorry」と常に回りとのコミュニケーションを大切にまた気軽に行ない、本音で物を言う。もちろん、ビジネス上では駆け引きも多いが、食事の時は本音がほとんどである。日本の官庁や企業のように夜の接待に金を使わない。どちらかと言うと、ランチョン・ミーティングを重要視する。

自由と平等の名の元に身障者（Handicapped）に対しては、国も人も常に平等意識とボランティア精神で手を差し伸べる。法律や社会のシステムもそれを補う。特にパブリックな場所での徹底が計られている。例えば、オフィスは車椅子の人が働けないような造りであってはならない。先にも述べたようにトイレなどは車椅子が回転できるトイレでなくてはならず、フロアーに段差があればスロープを施すように建築法が整備されている。

また、ＮＹの市バスには、すべて車椅子を乗せるためのリフトが装備され、街中では至る所で気軽に手助けが行われていた。日本のように見て見ぬ振りはなく、公共の場にあっては時間を掛けずに身障者やストローラーに乗せた子連れでも、スムースに移動ができるようになっている。そんな国民性である。

エピローグ

アメリカ合衆国という国は、発見者コロンブスが西インド諸島と間違えて以来、先住民族のネイティブ・アメリカンをインディアンと呼ぶようにしてしまった。永い歴史をもつ、ヨーロッパ列強諸国の圧政に耐えかねた人たちによる移民で開拓が始まり、戦争での植民地化は何度も国王が変わる歴史を刻んだ。単一民族という歴史を選択肢の中に持つことなく、今もってアメリカは移民を受け入れ続けている。その歴史の中から自然と生まれた自由と平等の精神に、アメリカの民主主義は、広大な土地と豊富な資源により、明るくおおらかな国民性を育むことになった。

歴史が浅いだけに文化や環境を大切にし、移民国家だけに人と人とのコミュニケーションを大切にす

る。それだけに民主主義を重んじる姿に習うべきところは、まだまだあるような気がする。

一方、国を司る者が建前だけの正義を訴えながら、本音では利権に走り、自分さえ良ければ、という国家ではいずれ成り立たなくなってしまうだろう。

国境を持たない島国で農耕民族（定住性）の歴史をもつ人間として育った私が、北アメリカという広大な土地を有し、国境を抱える狩猟民族（移住性）といった大きく歴史が異なる国に触れ、戸惑いやカルチャーショックでその時は気づかなかったことがある。時代がどんなに変わろうと国民性はいつの時代にも変わることなくそこにある。

研修や出張、旅行そして赴任といった様々な形でアメリカに接してきた私には、今振り返ることで改めてその違いを感じる思いがする。

写真・二度と観ることができなくなった、ある日のマンハッタン
—『リバー・サイド・カフェ』（ブルックリン）より

《参考文献》

『世界の都市ニューヨーク』猿谷要著（文芸春秋　一九九二）
『世界の地理アメリカ合衆国Ⅰ』図説大百科（朝倉書店　一九九六）
『アメリカを知る事典』（平凡社　一九八六）

《著者紹介》
田靡　和（たなびき かず）
1951年 福岡市生まれ
1974年 九州産業大学芸術学部卒。同年、某百貨店入社
1986年 ＮＹ滞在
1990年 ＮＹ赴任
インテリアプランナー

アイ・ガッチャ

振《ふ》り返《かえ》った、あめりか

田靡《たなびき》　和《かず》

明窓出版

平成十四年二月二十五日初版発行
発行者 —— 増本　利博
発行所 —— 明窓出版株式会社
〒一六四—〇〇一二
東京都中野区本町六—二七—一三
電話　(〇三) 三三八〇—八三〇三
FAX　(〇三) 三三八〇—六四二四
振替　〇〇一六〇—一—一九二七六六
印刷所 —— モリモト印刷株式会社
落丁・乱丁はお取り替えいたします。
定価はカバーに表示してあります。

ISBN4-89634-090-6

ホームページ http://meisou.com　Eメール meisou@meisou.com